建築Jウォーク 続

ちょっと真面目・
チョット皮肉

北海道大学 名誉教授

石山祐二
Yuji Ishiyama

三和書籍

書名の由来（はしがきより）

　この本は「ちょっと真面目・チョット皮肉」という題名の下で建築研究振
興協会の機関誌『建築の研究』に 200 回連載したものの後半をまとめたもの
です。前半は 2005 年に『建築 J ウォーク』として出版しましたので、本書は
『（続）建築 J ウォーク』としました。ジェイウォーク (jaywalk) とは「交通
規則・信号を無視して道路を横断する」ことで、この本には建築以外の内容
も多いこと、どの節も独立した内容で、節の順序に関係なくどこから読み始
め、次にどの節を読もうと構わないので、このように名付けました。

はしがき

　日頃は当たり前と思っていることでも、よく考えてみると疑問に思うことがあったり、旅行などで初めての地に行くと、新しい疑問が湧いてきたり、疑問に思いながらも、それについて深く考えることがないままに過ごしてきたことなどは誰にでもあると思います。

　この本は、日常生活や旅行の際に、いろいろ気の付いたこと、仕事・研究・教育などを通して感じたこと、当たり前と思われていることに対しても、自分なりに考え、書いたものです。

　私は大学で建築工学を学び、仕事として建設省営繕局では構造設計、建築研究所では研究・研修・企画などに携わりました。北海道大学では建築構造の研究や教育を行い、退職後は日本建築学会、北海道建築技術協会などの活動にも携わってきました。このため、建築や地震・被害など耐震工学に関することが多いのですが、どの部分も誰にでも分かるように書きましたので、ぜひ読んで下さい。

　第1章「人間・生活について」は、建築とは関係なく、一人の人間として感じたことを書きましたので、皆さんも一緒に考えて欲しいと思います。

　第2章「建築物・構造について」は、建築構造を専門としてきた私ですが、構造に限らず建築について感じたことを書きました。

　第3章「地震・被害について」は、日本では建築構造で最初に考えなければならないのは地震です。どのような被害が生じたかを調査・研究することは必須で、それらに関することを書きました。

　第4章「耐震設計・規定について」は、都市・建築を耐震的にするには何らかの法律（規定）に従って耐震的な構造物を長年に渡って造り続けていくことが重要で、そのようなことを書きました。数式が含まれている部分もあ

りますが、その分は読み飛ばしても分かるように書いた積もりですので、ぜひ根気よく読んで下さい。

第5章「海外について」は、会議などで海外に行くことも多かったのですが、その際に感じたことなどが書いてあります。

第6章「北海道について」は、25年ほど関東に住んだことがありますが、その期間を除いて住んでいる北海道について私の思いなどを書きました。

この本は「ちょっと真面目・チョット皮肉」という題名の下で建築研究振興協会の機関誌『建築の研究』に200回連載したものの後半をまとめたものです。前半は『建築Jウォーク』として2005年に出版しましたので、本書は『(続) 建築Jウォーク』としました。ジェイウォーク (jaywalk) とは「交通規則・信号を無視して道路を横断する」ことで、この本には建築以外の内容も多いこと、どの節も独立した内容で、節の順序に関係なくどこから読み始め、次にどの節を読もうと構わないので、このように名付けました。

皆さんの率直なご批判・コメントなどをいただければ幸甚です。

2024年8月

石 山 祐 二
to-yuji@nifty.com

目次

はしがき   i

第 1 章   人間・生活について   1

1.1   時間感覚から見た中高一貫教育 1

1.2   家の中は外より危険！   3

1.3   花嫁人形と蕗谷虹児   5

1.4   広瀬隆著『東京に原発を!』を読み直して 7

1.5   建築と食卓の「b と d」. 9

1.6   生誕 100 年　彫刻家　佐藤忠良展   11

1.7   中谷宇吉郎著『科学の方法』. 13

1.8   新渡戸稲造と武士道 15

1.9   道路標識と交通信号機 17

1.10   童謡『赤い靴』の女の子 19

1.11   地すべりと雪の上の足跡 21

1.12   広瀬隆著『原子炉時限爆弾』を読んで！. 23

1.13   時間の単位は「秒、分、時、日、月、年」、その次は？ . . . 25

1.14   サッカーボールの形と構造の変化 27

1.15   円周率を最初に計算したのは？ 29

1.16   水道水が美味しいのはどこ？ 32

第 2 章   建築物・構造物について   35

2.1   耐震強度偽装事件と電算プログラム 35

2.2   住宅の耐震改修を促進する New Elm 工法 37

2.3	移設された明治時代の建築：石狩市の旧・長野商店	39
2.4	常陸太田市郷土資料館・梅津会館	41
2.5	建築審査会と全国建築審査会長会議	43
2.6	建築物の敷地と道路の幅	45
2.7	トンネル天井落下事故の原因	47
2.8	積雪による大スパン構造物崩壊の原因と対策	49
2.9	これからのフラットスラブ構造	51
2.10	建築物のダイヤフラム、コード、コレクターと構造健全性 .	53
2.11	鳩を飼わない「ハト小屋」	55
2.12	ロンドン高層住宅の火災の原因は改修工事 !?	57
2.13	断熱性能を示す Q 値、U_A 値とその単位	59
2.14	地震にも津波にも強いブロック造の現状と将来	61
2.15	フィリピンは破れ・日本は芋？！	64
2.16	ラーメン vs トラスと 2 つの鉄塔	66
2.17	長さの単位と建築のモジュール	68

第 3 章	**地震・被害について**	**71**
3.1	次第に普及してきた免震構造の建物	71
3.2	インドネシアにおける地震後の復興住宅	73
3.3	オイラーの公式は不思議 !?	75
3.4	耐震性向上が緊急課題の Non-Engineered Construction . .	77
3.5	2005 年パキスタン地震による被害建物の原因について . .	79
3.6	2010 年ハイチ地震とノンエンジニアド工法	81
3.7	免震建物のクリアランス日米比較	84
3.8	地震発生メカニズムの新しい学説	86
3.9	津波対策にも New Elm 工法！	88
3.10	津波に対する構造方法等を定めた国交省告示	90
3.11	国際地震工学研修 50 周年	92
3.12	ペルー国立工科大学・地震防災センター創立 25 周年 . .	94
3.13	2018 年北海道胆振東部地震とその被害	96
3.14	日本・ペルー地震防災センターの国際シンポジウム . . .	99
3.15	構造物のロバスト性	101

v

| 3.16 | 関東大震災 100 年「大地震とその後の対策」 . . . . | 103 |
| 3.17 | トルコ共和国建国 100 年と地震被害 . . . . | 105 |

第 4 章　耐震設計・規定について　109

4.1	建物の耐震性は方向によって異なる！	109
4.2	最近のマンションの耐震性は？	111
4.3	壁を耐震性向上のために活用しよう！	113
4.4	建築物は地盤に緊結しない方がよい！	115
4.5	大地震動でも建築物は転倒しない！	117
4.6	最近の建物の耐震設計に対する懸念	119
4.7	建物の基礎と杭の接合は過剰設計！	121
4.8	地震工学に用いる各種スペクトル（その 1）	123
4.9	地震工学に用いる各種スペクトル（その 2）	125
4.10	地震工学に用いる各種スペクトル（その 3）	127
4.11	地震工学に用いる各種スペクトル（その 4）	129
4.12	地震による 1 階の崩壊と剛性率・形状係数	131
4.13	米国の建築基準と耐震規定の特徴	134
4.14	ISO の地震荷重と日本・EU・米国との比較	136
4.15	JIS A 3306 となった ISO 3010「構造物への地震作用」 . .	138
4.16	建物の整形・不整形を表す剛性率	140
4.17	設計用地震力の分布を表す A_i の導き方	142
4.18	耐震性を向上させる強度と靱性、どちらも重要であるが・・・	145

第 5 章　海外について　147

5.1	ギリシアの地震対策あれこれ	147
5.2	ベルギーの旧首都ルーヴァン	149
5.3	ユーロとユーロコード	152
5.4	ベルリンの壁はプレキャスト・コンクリート製だった！ . . .	154
5.5	アジアとヨーロッパを結ぶ建設中のトンネル	156
5.6	清潔で安全なシンガポール	157
5.7	リスボンは石畳の美しい街、しかし・・・	160
5.8	三つの人魚像	162

5.9	ラオスと建築基準	164
5.10	30 年振りのプリンス・エドワード島	166
5.11	世界遺産シドニー・オペラハウス	169
5.12	シドニー・オペラハウスの構造	171
5.13	ブレーメンの音楽隊とサッカー	173
5.14	美味しかった食べ物とギリシャ文字	176
5.15	久しぶりの海外でコロナ感染！	178

第 6 章　北海道について　181

6.1	（社）北海道建築技術協会のルーツと活動	181
6.2	交通事故死ワーストワン返上の北海道	183
6.3	石狩灯台が赤と白に塗られた理由	185
6.4	よみがえった大正時代の建築－旧・丸井今井呉服店函館支店	187
6.5	安全第一「2008 北海道洞爺湖サミット」	189
6.6	天売島は「ウトウ」の世界最大のコロニー	191
6.7	「赤れんが庁舎」を美しく後世に残そう！	193
6.8	消えゆくサイロとその代替	195
6.9	日本最北のヴォーリズ建築「ピアソン記念館」	197
6.10	塩狩峠記念館：三浦綾子旧宅	199
6.11	ニッカウヰスキー余市蒸留所	201
6.12	北海道博物館 2015 年 4 月開館	203
6.13	北海道新幹線と青函トンネル	206
6.14	北海道三大秘湖の一つ「オンネトー湖」は五色湖	208
6.15	北海道の名称と地名	210
6.16	幻の橋タウシュベツ川橋梁	212
6.17	北海道の「挽歌」と「石狩挽歌」	214

あとがき　217

第 1 章

人間・生活について

1.1　時間感覚から見た中高一貫教育

　これで連載 100 回となり、年月の経過する速さに驚いている。連載のきっかけは、1986 年に本誌†の編集委員になったことにある。編集委員として何か書こうと思い第 1 回「年齢と共に年月はどのくらい速く過ぎると感じる？」を書いた（1988 年 4 月）。

　その後、1989 年から国際協力事業団‡（JICA）の長期派遣専門家として 2 年ほどペルーに滞在し、この間はペルー国立工科大学（UNI）地震防災センター（CISMID）やペルーのことなどを紹介した。帰国した 1991 年に北海道大学へ出向し、それからは北海道に関することや海外出張の際に感じたこと、日常感じていることなどを書いていた。1993 年には釧路沖地震と北海道南西沖（奥尻）地震、更に 1995 年阪神淡路大震災が発生し、地震や耐震に関することも書いているうちに、自分でも驚くほど長期間の連載となった。

　2005 年 3 月で北海道大学の定年となるのを機会に、それまでの連載を『建築 J ウォーク ちょっと真面目・チョット皮肉』として出版したので、それで連載を止めようと思っていた。しかし、定年後は「時間を持て余すかも知れない」、「別な見方で物事を見ることができるかも知れない」などと聞き、もう少し続けることにしたので、是非お付き合い願いたい。

---

　† 建築研究振興協会の機関誌『建築の研究』
　‡ 現在の「国際協力機構」で英文表示は同じである。

表 1.1　年齢と時間感覚

(1) 年齢 n	(2) $\log n$	(3)* $\Delta \log n$	(4)† $6/n$	(5)‡ $n/6$
6	0.778		1	1
12	1.079	1.000	1/2	2
18	1.255	0.585	1/3	3
24	1.380	0.415	1/4	4
30	1.477	0.322	1/5	5
36	1.556	0.263	1/6	6
42	1.623	0.222	1/7	7
48	1.681	0.193	1/8	8
54	1.732	0.170	1/9	9
60	1.778	0.152	1/10	10
66	1.820	0.137	1/11	11
72	1.857	0.126	1/12	12
78	1.892	0.116	1/13	13
84	1.924	0.107	1/14	14
90	1.954	0.099	1/15	15

計 3.907

* 小学校 6 年間（6〜12 歳）の時間感覚を 1 としたとき、
　その後 6 年毎の時間感覚。

† 6 歳のときに 1 と感じる時間や年月が、
　その後どのくらい短く感じるかの感覚。

‡ 6 歳のとき年月が過ぎていく速さを 1 としたとき、
　その後どのくらい年月が速く過ぎていくかの感覚。

　さて、連載の第 1 回で書いたことであるが、人間は年齢と共に月日の経つのが速く感じられる。この感覚を数値で表すため、「感覚量の大きさは刺激の対数に比例する」というウェバー・フェヒナーの心理法則を時間に適用し、表 1.1 を作成した。

　時間が過ぎ去る速さの感覚は (5) 欄のように年齢に比例し、(3) 欄からは小学校すなわち 6 歳から 12 歳までの 6 年間の時間感覚を 1.0 とすると、6 歳から 90 歳までに感じる時間感覚はその 3.907 倍となる。また、6 歳から 24 歳までの時間感覚は 2.0 で、6 歳から 90 歳までのほぼ半分となる。いい替えれば、6〜24 歳の 18 年間は 24〜90 歳の 66 年間と感覚的にはほぼ等しいこと

になる。このため、大学院修士課程修了時や女性の「お肌の曲がり角」などといわれる 24 歳の人間は感覚的に人生の半分をすでに過ごしてきたことになる。

このような説明をしながら、若い時は残っている人生が無限に長いように思うが、決してそのように悠長なことをいっている年月は残っていないことを若い学生にも何度か話してきた。

なお、高齢者の年月が経過する速さの感覚は、90 歳になっても 60 歳の 1.5 倍にしか速くならないので、仕事も少なくなる定年後はゆったりした時間が持てるはずと私自身は楽しみにしている。

話は全く変わるが、最近は学生の学力低下もあり中高一貫教育が話題になっている。小中高校の六三三制は、第二次世界大戦後に米国にならって導入されたが、先に説明した年齢と時間感覚から考えると、小学校が長すぎ、中学校と高校が短すぎる。小学校 6 年間を同じ学校で過ごすより、途中で新しい学校に変わる方が教育効果は上がるに違いない。また、中高一貫教育の方がよいとの判断で、これを取り入れている私立学校もある。

以上のようなことを考えると、12 年は同じでも小学校 3 年、中学校 4 年、高校 5 年とするのはいかがであろう。ついでに、年少保育 1 年、保育（幼稚）園 2 年とすると（時間感覚からは等比級数の方がよいかも知れないが）1, 2, 3, 4, 5 年と等差級数となる。最後の部分は蛇足であるが、小中高校を 3, 4, 5 年とする方がよいと以前から思っているので、皆さんのご意見も聞きたい。
（2005 年 4 月）

1.2　家の中は外より危険！

日本の交通事故死は、1970 年が最悪で 16,765 人、その後は徐々に減少し 2007 年からは 6 千人を切っている。この原因は、シートベルトやエアーバッグなどにより自動車に乗っている人の死亡が減少しているためで、交通事故の件数は残念ながら増加しているようである。結局、交通事故の危険性は依然として高く、外出の際に「車に気を付けて」といって送り出し、帰宅すると一安心と思うことも多いであろう。

しかし、帰宅したからといって安心することはできない。厚生労働省の統計「家庭内における主な不慮の事故の種類別にみた年齢別死亡数・構成割合」

表 1.2　家庭内における不慮の事故死 (2006 年)

	死因	死者数
(1)	転倒・転落	2,260
	平らなところでの転倒	(1,036)
	階段などからの転倒・転落	(435)
	建物・建造物からの転落	(412)
(2)	溺死・溺水	3,632
	浴槽内での溺死・溺水	(3,316)
(3)	窒息	3,768
	胃の内容物の誤えん	(644)
	気管閉塞を生じた食物の誤えん	(2,492)
(4)	煙・火・火炎	1,319
	火災	(1,169)
(5)	熱・高温物質	128
	蛇口の熱湯	(112)
(6)	有害物質	445
	ガス中毒など	(89)
	農薬による中毒など	(89)
	(1)〜(6) 以外も含め合計	12,152

( ) 内は内数

によると、家庭内の不慮の事故によって 2006 年には 12,152 人が亡くなっており、交通事故死の 2 倍以上で、家の中の方が危険ということになる。表 1.2 がその内訳で、浴槽内での溺死・溺水（溺水とは液体によって窒息状態になることで、1 日以内に死亡すると溺死となる）が 3,316 人、食物の誤えん（食物や異物を気管内に飲み込むこと、通常は食べ物をのどに詰まらせて）が 2,492 人、火災が 1,169 人、平らなところでの転倒が 1,036 人などが主な原因である。これらの原因から推察されるように、高齢者が圧倒的に多い。

　よって、特に高齢者は交通事故に注意するのはもちろんのことであるが、家の中での入浴・食事・さらに単なる歩行の際にも注意を怠ってはいけない（と私自身にいい聞かせている）。

　さて、これ以上に深刻なのが自殺死亡数の増加で、1998 年から 11 年連続で 3 万人を超えている。これも厚生労働省の統計によると、自殺死亡数は 1899（明治 32）年の 5,932 人から 1936（昭和 11）年の 15,423 人へと（変動

はあるが）増加した。1937（昭和12）年から戦時中までは減少したが、その後は増減を繰り返しながらも増加傾向にあり、近年の3万人前後となっている。この間、日本人の寿命は延び、経済的には裕福になってきたが、自殺死亡数は増加していることになる。

人口も増加しているので、自殺死亡率を比較すべきと考え調べてみると、残念ながら自殺死亡率も自殺死亡数とほぼ同じ傾向にある。自殺に対する男女の差は大きく（女性の自殺は少なく）、昭和25年には男が女の1.7倍であったものが最近では3倍と差が広がっている。この間、女性の自殺死亡率はやや減少しているが、男性は逆に増加している。

世界的な金融不況の中、職を失う人も多く、自殺はこれから増加するのではと報道されていた。しかし、戦争や経済不況の時には自殺死亡数は減少している傾向も見られるので、今回の経済不況が自殺の減少につながることを期待し、しかし経済が回復するとまた増加するのではないかと心配している。（なお、この予想が当たるにしても、男性のみにであろうと思っている。）

人間、誰しもいつかは死を迎える。そして、死因は何々であったと葬儀では報告される。自殺以外は死因も時期も自分でコントロールすることができないなどと考えながら、どのように死を迎えるのが一番よいのだろうかと考えたりしている次第である。（2009年4月）

1.3　花嫁人形と蕗谷虹児

新潟県新発田市に蕗谷虹児記念館（内井昭蔵設計、1987年竣工）がある（図1.1）。蕗谷虹児（1898-1979年）のことを知らない人も多いであろうが、童謡「花嫁人形」は日本人であれば誰もが知っているだろう。この「金襴緞子の帯しめながら花嫁御寮はなぜ泣く・・・」の作詞者が蕗谷虹児である。

彼（本名は蕗谷一男）は新発田市生まれで、母親の死後、新潟市で丁稚奉公をしながら絵画を学んでいた。その才能が認められ、14歳の時に東京に行き、日本画の勉強をした。竹久夢二とも交流があり、1921年に蕗谷虹児として雑誌に挿絵掲載を初め、それが好評で朝日新聞の長編小説の挿絵画家として抜擢され、全国的に名前が知られるようになった。1924年には詩画「花嫁人形」を発表している。しかし、彼は挿絵画家には満足せず、1925年に絵画を学ぶためパリに5年間ほど留学し、その間に公募展に連続入選するなど活

第 1 章 人間・生活について

図 1.1 蕗谷虹児記念館
(新発田市)

躍した。1929 年に帰国した彼は、パリ留学中に杉山長谷夫が作曲した「花嫁人形」の歌を銀座の街角で聴いて「おれの詩だ」と気付いたという逸話がある。

1964 年に彼の生い立ちが新潟日報に連載され、それが大反響を呼び、これが基で「花嫁人形」の歌碑が、1966 年新潟市内のホテル・イタリア軒に面している小路の向かいに建設された (図 1.2)。彼の希望で選ばれたこの場所は、母親の死後に彼が少年期を過ごしたところである。花嫁人形の詩は、「28 歳という若さで死んだ母と、貧しさのため芸者屋に売られた幼馴染みの女の子が二重写しとなって歌ったもの」と彼自身は書いている。

図 1.2 「花嫁人形」の歌碑
(新潟市)

彼は 1979 年に 80 歳で亡くなったが、1997 年にふるさと切手「花嫁」(図 1.3) が発売され、それが非常に好評で、(手に入り難いかも知れないが) 今

図 1.3　ふるさと切手「花嫁」

でも販売されている。70 歳の時に描いた切手の原画が記念館に展示されており、小さな切手からは気が付き難いような細部まで間近に見ることができる。

例えば、下地の紅色がうっすらと浮かび上がって見える鶴の模様の入った白い角隠し、花柄模様が入った白色の花嫁衣装、その上の鮮やかな色彩の打ち掛け、そして目元からは涙がこぼれているのではないかと思わせるような様子（これは記念館で説明を受け、ようやくそうかも知れないと思ったほど繊細であるが・・・）もうかがえる。

26 歳の時に詩画「花嫁人形」を発表し、その後 40 年以上も経って、母への追慕（そしてかわいそうな幼馴染みを想う気持ち）を持ち続け、70 歳の時に切手の原画となる「花嫁」を描いたのである。若いときに作った「花嫁人形」の歌と老年になって描いた絵の両方を知ると蕗谷虹児という画家・詩人に対する興味が一層湧くに違いない。（2011 年 2 月）

1.4　広瀬隆著『東京に原発を！』を読み直して

東日本大震災の原発事故によって、標題の本（図 1.4）を思い出した。この本は 1979 年スリーマイル島原発事故後の 1981 年に出版された。その後、1986 年 4 月にチェルノブイリ原発事故が発生し、内容を全面的に書き替え 1986 年 8 月に出版されたものである。

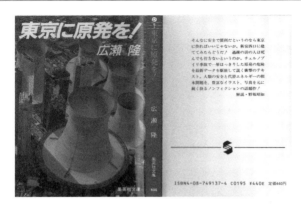

図 1.4 広瀬隆著『東京に原発を！』(集英社文庫 1986年発行)

　原発が安全ならば、電力消費の大きい大都市に小型の原発を建設することによって、送電線や変電所の費用を大幅に縮小することができる。更に、原子炉を冷却するため単に海水を温めている熱を温水としてパイプで各建物や住宅に供給することにより、暖房や日常の温水のみならずヒートポンプを用いて冷房にも活用することができ、結果的に電気料金も低くなる。原発を容認しているのは都会の人が多く、東京には小型原発を造る敷地は十分あり、電力の地産地消の面からも良いなどという皮肉な話である。

　もちろん原発の危険性について多角的に指摘している部分が大半で、その中で私が特に気になった点を紹介したい。

　原発では、原子炉で造られた熱でタービンを回し発電しているが、発電に用いられている熱は 1/3 で残りの 2/3 は海に捨てている。その捨てている熱を有効に利用するよい方法はないのであろうか。

　原発の寿命が尽きたときにどうするのであろう。東日本大震災の原発事故により放射能で汚染された学校のグラウンドの表土を削り取ったのはよいが、その土をどこに処分するかが問題となっている。わずかな量の土ではなく、汚染された大量の瓦礫をどこに処分するのか、瓦礫を引き受ける近くの住民は当然反対するであろう。

　瓦礫の処分の前に、原発をどのように解体するのであろう。放射能で汚染された粉塵をまき散らすことは許されないので、そのままコンクリートで固めておく方法も考えられている。その場合、汚染物質・危険物質が漏れない

1.5 建築と食卓の「b と d」 9

ように長期間管理を続ける必要がある。いずれにしても、放射能で汚染された原発の処分方法は先送りされたままのようである。

しかし、私が最も心配しているのは、高レベルの廃棄物である。使用済みの燃料棒は、冷却を怠ると爆発が起こるので、常に冷却しながら保管する。そして、輸送できるようになったら、再処理施設でまだ使える燃料を取り出し再利用するとしている。しかし、残りの大部分は危険な高レベル廃棄物となり、この最終処理方法がまだ見つかっていない。今のところ、地下の深いところに長期間保管し、放射能がいずれ次第に少なくなるのを待つのが有力であるが、その期間は数千年から数万年にもなりそうなのである。高レベル廃棄物の処理方法が分からないまま、（人類が滅亡しなければ）数百代にわたるであろう危険物を後世に残すことには決して賛成できない。

私が心配している点が、この本の出版後の 30 年ほどの間に解決されていることを期待しているが、多くの問題が未解決のままのようである。このような状況の中で、原発を推進してきた本当の理由は何か、原発の運転中の安全性を高めることは技術的に可能かも知れないが、建設から最終処理まで（事故が起こった場合の補償を含め）トータルでも原発は経済的なのかなどについて、考えてみたいと思っている。

（この本の著者は 2010 年 8 月に『原子炉時限爆弾』(1.12 節参照) をダイヤモンド社から出版しているので、機会があったらその内容も紹介しよう。）
(2011 年 6 月)

1.5　建築と食卓の「b と d」

建築（構造）に関係している人であれば、b と d から梁の断面を思い浮かべるであろう。b は梁幅、d は梁の高さを表していることが多いからである（図1.5）。梁断面の高さは「梁成」または「梁の丈」と呼ばれる。b は broad 広い（名詞は breadth）、d は deep 深い（名詞は depth）を表している。d の代わりに h を用いることも多く、h は high 高い（名詞は height）を表している。

円形断面の直径は D または d で表され、これは diameter 直径の頭文字である。板の厚みは t で表され、t は thick 厚い（名詞は thickness）を表している。長さは ℓ で表されることが多いが、ℓ は long 長い（名詞は length）を表している。活字のフォント（書体）によっては l と表示される場合もあり、

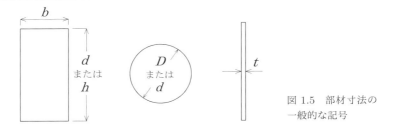

図 1.5 部材寸法の一般的な記号

数字の 1 と紛らわしいので、大文字の L を用いることを推奨している場合もある。

　これらの記号については正式な決まりがある訳ではなく、慣習的に用いられているので、a, b, c・・・どれを用いても、その記号が何を意味しているのか、明確に分かればそれでよい。もっとも、特別な理由のない限りは、通常用いられている記号を用いる方が分かり易い。

図 1.6 指でつくる左手の b と右手の d

　さて、話は変わるが洋食の際に用いるナイフやフォークが複数並んでいる場合は、外側から順に用いるという、最低限のテーブルマナーは覚えておいた方がよい。（もっとも、多少間違えても美味しく楽しい食事ができれば問題ない。）

　サラダを食べるときに、フォークのみを用いると、次の料理を運んできた際に、使用済みのサラダ皿とフォークの他に用いなかったナイフを片付けてくれる。そして、あのサラダはナイフも用いて食べるべきであったと気が付くことは、私自身今でも時々ある。

食卓の大きさに余裕がある場合は問題ないが、小さな食卓に多くの椅子が並んでいる場合は、どれが自分の食器なのか迷うことがある。椅子の前にある皿とその両脇にあるナイフとフォークは分かり易いが、飲物のグラスとパンの取り皿については分かり難い。長方形の食卓であれば、端から順番に見ていくと自分のものが分かることもあるが、円形テーブルの場合はその判断法は通用しない。

そこで便利なのが指でつくる b と d である。親指と人差し指で○をつくり、他の指を伸ばすと、左手は b、右手は d に見える（図 1.6）。そして、b は bread パン、d は drink 飲み物であると覚えておくと、間違えることがない。私自身、洋食の時はいつもこのことを思い出し、間違えないようにすると同時に、数十年前にこのことを教えてくれた国際会議とそのメンバーのことなどを懐かしく思い出している。（2011 年 12 月）

1.6　生誕 100 年　彫刻家　佐藤忠良展

「生誕 100 年　彫刻家　佐藤忠良展」が札幌芸術の森美術館で開催された（図 1.7）。佐藤忠良 は、1912 年宮城県に生まれ、6 歳の時に父親が亡くなり、1919 年に母親の実家の移転先である北海道夕張に転居した。小学生の頃から絵画に対する才能を発揮、1925 年に一人で札幌に移り札幌第二中学校（現・札幌西高）に入学し絵画部で活躍した。その後、北海道帝国大学（現・北海道大学）農学部を目指すが、芸術の道をあきらめきれず、1934 年 22 歳で東京美術学校（現・東京芸術大学）彫刻科に入学し、1939 年 27 歳で卒業した。

卒業後、新制作派協会彫刻部創立に参加、1944 年兵役に招集され、戦後 1948 年までシベリアに抑留、帰国後活動を再開し、1954 年に第 1 回現代日本美術展佳作賞受賞、1960 年に第 3 回高村光太郎賞受賞、1966 年に東京造形大学創立と共に教授に就任した。

1974 年には第 15 回毎日芸術賞、芸術選奨文部大臣賞受賞、翌年には第 6 回中原悌二郎賞受賞、第 3 回長野市立野外彫刻賞受賞、1977 年に第 5 回長野市立野外彫刻賞受賞、1981 年にはフランス国立ロダン美術館で日本人初の個展を開催した。1986 年に東京造形大学名誉教授、1989 年に朝日賞受賞、1990 年に宮城県美術館内に佐藤忠良記念館設立、1992 年に第 41 回河北文化

図 1.7 生誕 100 年 彫刻家 佐藤忠良展

賞を受賞した。その後も活動を継続していたが、2011 年享年 100 歳で逝去した。

彼の作品はどれも具象的で、彫刻に対する何の知識もない私でも、およそ 100 点のブロンズ像をただ見るだけで彼の彫刻に対する真摯な態度と人間性を感じることができた。その他に、多くの絵画・絵本・書籍などの展示も、もちろん興味深かった。

友人・知人・家族の顔のブロンズ像も（数点の有名人の顔も）、個人個人の個性と経験がにじみ出ている感じがする。図 1.7 には「帽子・夏」の一部が写っているが、作品全体を見ると帽子が空間に浮かんでいるような感じと、女性の美しさが表現されている。帽子をかぶった女性の作品は他にも数点あり、どれも彫刻としては比較的珍しく、ほぼ左右対称である。子供を扱った作品は、子供に対する彼の優しさと子供自身が楽しく遊んでいる様子がわき出てくるような感じがする。

彼の作品のほとんどは宮城県美術館（仙台市青葉区）にあり、札幌で展示された多くの作品は同美術館所蔵のものであった。彼の作品は全国的に設置・展示されているが、特に彼にとって第二の故郷である北海道には、札幌・旭川以外の市町村にも多くの彫刻があるので、彼の名前を知らない人でも彼の作品を見ている人は多いはずである。

また、彫刻家・佐藤忠良を知らなくとも、絵本などで彼を知っている人も多いであろう。ロシアの昔話「おおきなかぶ」の絵本（図 1.8）はシベリア抑留の経験がなければ描くことができなかった作品である。彼がこの絵本を書

図 1.8 絵本「おおきなかぶ」の表紙

くことになったのは、この絵を描くことができるのは彼の他にいないと信じて、出版社が依頼したからであるが、彼は依頼者の期待を（多分）はるかに超える挿絵を描いた。1962 年に出版されたこの絵本は、今では 155 刷となり、どの書店の絵本コーナーにもあるベストセラーとなっている。（2013 年 6 月）

1.7 中谷宇吉郎著『科学の方法』

2014 年 2 月には、日本各地で記録的な大雪によって大きな被害や事故が発生した。このような報道を聞いているうちに「雪は天から送られた手紙」という言葉を残した中谷宇吉郎と彼の著書『科学の方法』を思い出した。

この本は 50 年以上も前に書かれたが、科学の限界、科学で解ける問題・解けない問題などについて、非常に分かり易く書かれている。内容が旧くなった部分もあろうが、理系・文系を問わず誰にも（特に若者には）ぜひ読んで欲しいと思う一冊である。

その中に氷の硬さ（剛性）を測定する部分が、私にとっては特に興味深かった。すなわち、氷の結晶から梁のような直方体を切り出し、図 1.9 のように荷重 W をかけ、その変形を測定する実験である。荷重によって支点が下がることもあり、撓みが小さい場合、正確な測定は難しい。

このため、図 1.9 のように梁の両側に鏡 M を取り付け、2 枚の鏡 M に反射させて物差し S の目盛を望遠鏡 T の中心で読むのである。最初の目盛 A が、荷重をかけると目盛 B となったとすると、水平距離との関係から、撓みの精密な測定ができる。

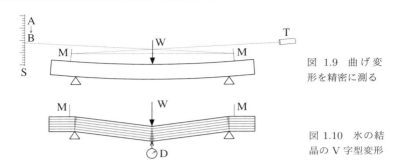

図 1.9 曲げ変形を精密に測る

図 1.10 氷の結晶の V 字型変形

しかし、実際の測定結果はまちまちで、特に氷の結晶の主軸が垂直になるように切り出した梁の場合には、ほとんど変形しなかった。この結果からは、氷がこの方向には非常に硬いということになるが、それまでの知見と比べてどうも腑に落ちなかった。

そこで、図 1.10 のように中央の撓みをマイクロメーター D で直接測ると、撓みが生じていることが分かり、荷重を更に大きくすると氷は V 字状に変形していることが肉眼でも分かったのである。

結局、氷の結晶は薄い紙を重ねたような構造で、その紙がずれることによって V 字型に変形していたのである。(なお、加力点と支点の力が集中する図 1.10 の薄墨の部分には、金属と同様に特殊な結晶の境ができる。)

図 1.10 から明らかなように、端部に取り付けた鏡 M は荷重をかけても傾かないので、図 1.9 の方法では撓みを測ることができない。図 1.9 の方法は、氷が湾曲（曲げ変形）するのならばよいが、V 字型に変形（せん断変形）する場合には適さないのである。

構造力学では曲げ変形、せん断変形は重要な概念で、この用語を用いると「氷の結晶は、曲げ変形ではなく、せん断変形をする」と表される。自然の中にこのような現象があることに、最初に読んだ 40 年前も、時々読み直しても、そして今回も、ただ感心し驚いている次第である。(中谷は梁・撓み・曲げ変形・せん断変形などの用語を用いていないが、このように表現した方が分かり易いと考え、あえて用いた。)

中谷は 1900 年生石川県作見村字片山津（現在の加賀市片山津町）生まれ、東京帝国大学理学部卒業、北海道大学教授在職中の 1962 年に亡くなった。

1.8 新渡戸稲造と武士道

図 1.11 「人工雪誕生の地」記念碑（北海道大学構内、北側に移転した低温科学研究所跡地）

北海道大学で、彼が世界で初めて人工的に雪の結晶を作った低温科学研究所のあった場所（現在の同研究所は構内の北側に移されている）には、図 1.11 のように雪の結晶を模した六角形の記念碑が建っている。なお、加賀市には「中谷宇吉郎 雪の科学館」があり、2014 年は「世界結晶年」とのことで、特別な展示も催されている。（2014 年 4 月）
（参考文献）中谷宇吉郎『科学の方法』、岩波新書、昭和 33 年 6 月第 1 刷

1.8　新渡戸稲造と武士道

　日本を代表する国際人・教育者であった新渡戸稲造、1862～1933 年）を旧 5 千円紙幣の肖像（図 1.12）として知っている人も多いであろう。

　新渡戸は 1881（明治 14）年に北海道大学の前身である札幌農学校の第 2 期生として卒業、北海道開発に尽力、1883（明治 16）年に東京大学に再入学、米国とドイツに留学した。米国人の妻メリー夫人を伴って 1891（明治 24）年帰国後、札幌農学校教授、京都帝国大学教授、第一高等学校校長、東京帝国大学教授、東京女子大学初代学長などを歴任した。

　一時期、夫妻とも体調を崩し、米国カリフォルニアで転地療養し、この間に日本の精神文化を紹介した名著『武士道』を英文で書き、1899（明治 32）年に米国で出版、ドイツ語・フランス語など各国語にも訳されてベストセラーとなった。この本により国際的にも有名となっていた新渡戸は 1920（大正 9）年の国際連盟設立に際し事務次長に選任され平和文化活動を行った。日本が国際連盟を脱退した 1933（昭和 8）年の秋にカナダ・バンフで開催された

図 1.12　旧 5 千円紙幣
（1984〜2004 年）

第 5 回太平洋会議に出席後、満 71 歳でカナダ・ビクトリアにて客死した。

参考文献の『武士道』は英文の"BUSHIDO : The Soul of Japan"の邦訳で 2005 年に出版された文庫本である（なお、最初の邦訳版は 1908（明治 41）年に出版されている）。本文 180 頁は 17 章からなり、どの章も 10 頁程度で難しそうな用語にはルビが振ってあり非常に読み易い。

内容的には、100 年以上も前のことで、理解し難い部分もあり、現在の日本人の精神を表しているとは思えない部分もある。しかし、日本人には武士道の精神が今でも引き継がれていると感じる点、できることならば引き続き守っていきたいと思う点も多い。この本を読んでいくうちに、訳者が 21 世紀になってあらためて邦訳・出版した理由が自然と分かってくる。

最近の日本国内の諸問題や外交・近隣諸国との国際関係などを考えると、武士道の良い点は問題改善のために役立つに違いないと感じ、老若男女を問わず、特に若い人には読んで欲しいと思っている。そして、近隣諸国との軋轢がある中、日本の主張のみを言うのではなく、日本を含め世界各国がどの

図 1.13　新渡戸稲造顕彰碑
（北海道大学構内、ポプラ並木に隣接する花木園内）

図 1.14　新渡戸記念庭園の石碑（ブリティッシュ・コロンビア大学構内）

ように考え・行動すべきかを示し、『武士道』を超えるようなものが出版されることを願っている。

　1996 年の北海道大学の創基 120 周年記念に際し、彼の顕彰碑が構内のポプラ並木に隣接して建立され、その台座には "I wish to be a bridge across the Pacific." と英語で刻まれている（図 1.13）。なお、彼が客員教授をしていたカナダ・バンクーバーにあるブリティシュ・コロンビア大学には日本庭園があり「新渡戸記念庭園」と呼ばれている。庭園内には、彼の胸像や日本語の石碑（図 1.14）もある。（2014 年 6 月）

（参考文献）新渡戸稲造著、岬龍一郎訳『武士道』、PHP 文庫、2005 年 8 月第 1 版第 1 刷

1.9　道路標識と交通信号機

　北海道の郊外をドライブするとすぐに図 1.15 のような道路脇にある標識が目に付く。最初は、紅白縞模様の下向きの矢印は何のためのものかと不思議に思うが、冬になると自然にその意味が分かる。

　道路の端を示すこの標識は、風雪などで車道と歩道の区別が付かないような状況（英語ではwhiteout(ホワイトアウト)という）では、この標識が役に立つどころか必須である。すなわち、この標識の左側には車道がなく、歩道であったり、場合によっては用水路や田畑となっていることを示している。ホワイトアウトの中で車を運転すると、道路がどこまであるか分からないので恐怖を感じることもある。その際に、この標識があると低速度ではあるが運転を続けること

 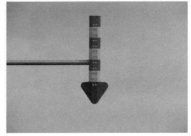

図 1.15 視線誘導標

ができ、その有用性を実感する。

この標識は視線誘導標（delineator）の一つで、道路の境界を運転者に示すのが主目的であるが、他にも役割がある。この視線誘導標は、道路境界に沿って数十メートル間隔で設置されている他に、バス停などで道路幅が広がっている部分には、それに沿って狭い間隔で設置されていることに気が付く。これは、冬期間の除雪の際に除雪車が誤って歩道境界となっている縁石などを壊さないようにするための目印でもあるからである。

さて、道路で最も目立つのは交通信号機で、多くは図 1.16（左）のように横型で（左側通行の日本では）左から青・黄・赤となっている。しかし、北海道の交通信号機はほとんどが図 1.16（右）のように縦型で上から順に赤・黄・青となっている。縦型となっているのは、信号機への積雪を少なくするためである。

歩行者用の信号機は図 1.17 のように全国的に縦型で、上が赤・下が青となっている。最近は、図 1.17（右）のようにどのくらい後に信号が変わるのかを横棒の数で示している場合があり、もう少しで信号が変わるはずなど思いながら、何となく安心感を感じる。しかし、横棒の数からは残りが何秒か分からない。外国では信号の残り時間を秒数で示している信号機があるのに、なぜ日本ではそのようにしないのであろう。せっかちな人間の多い日本こそ、残り時間を秒数表示する信号機を世界に率先して導入してよいはずなのにと以前から不思議に思っている。

話は変わるが、エレベータの内部にあるドアの開閉ボタンは、外国では「閉」（close）ボタンはなく「開」（open）ボタンのみがあると聞いたことが

図 1.16 横型と縦型の交通信号機

図 1.17 歩行者用の交通信号機

あるが、最近では外国でも「閉」ボタンのある場合が多くなっているようである。このようなことを考えながら、あまり急がない人間の多い国では、急がせるようにし、急ぎ過ぎる人間の多い国では、あまり急がせないような施策を各国で考えているのかも知れないと邪推している。（2015 年 10 月）

1.10 童謡『赤い靴』の女の子

童謡『赤い靴』の歌碑（図 1.18）が札幌市山鼻公園に建立されたとの新聞記事を見て、横浜市山下公園の女の子の像（図 1.19）を思い出した。さらに、北海道の留寿都村にも女の子の像（図 1.20）が赤い靴公園にあり、その近くの道の駅には彼女の母親の像があることを知った。

赤い靴の女の子のモデルは「佐野きみ」（1902-11）である。静岡県出身の「岩崎かよ」は未婚の母として「きみ」を育て、北海道に渡り鈴木志郎と結婚

図 1.18 札幌山鼻公園の「赤い靴」歌碑

図 1.19 横浜市山下公園の「赤い靴はいてた女の子」の像

する。鈴木夫妻は留寿都の平民農場へ入植するが、その際に3歳の「きみ」を連れて行くのは無理とのことで、「きみ」の養育を函館にいた米国人宣教師ヒュエット夫妻に依頼した。やがてヒュエット夫妻は米国に戻るが、結核に冒されていてた「きみ」を一緒に連れて行くことができなかった。結局、東京麻布の教会の孤児院に預けられた「きみ」は、そこで9歳で亡くなったが、母親の「かよ」は娘が米国に渡ったものと最後まで思い込んでいた。

　鈴木夫妻は札幌市の山鼻地区に移り、同僚で隣人の野口雨情に娘の「きみ」は宣教師に連れられて渡米したという話をし、それを基に野口雨情は1921年に『赤い靴』を作詞し、1922年に本居長世が作曲した。

　以上のような話は、1973年に「きみ」の異父の妹である鈴木夫妻の三女「岡その」が新聞に投書したのがきっかけである。この記事に注目した北海道テレビの記者・菊地寛が調査を行い、1978年に「ドキュメント・赤い靴はい

図 1.20 北海道留寿都村の「母思像」

ていた女の子」が放送された。翌年には小説としても出版され、これが定説となっている。しかし、「きみ」は宣教師夫妻には預けられなかったなどの異論がある。

異論の有無とは関係なく、50 年以上も経過して生まれた定説に基づき、この童謡と関係がある日本各地に像などが建設されていて、2015 年 6 月に札幌市の歌碑もその一つに加わったことになる。定説の真偽は、一部の人々には重要かも知れないが、多くの童謡を歌う人には、その背景にある歴史的な事実よりも、その歌詞とメロディーから想像されることを自分なりに感じていることの方が重要であろう。いずれにしても、童謡『赤い靴』が日本人の心に響いているからこそ、今でも注目を浴びているに違いない。これからも、特に若い母親には、このような童謡を子供が小さい時から歌って聞かせて欲しいと思っている。（2015 年 12 月）

1.11 地すべりと雪の上の足跡

中国深センで地すべり（「地滑り」ではなく「地辷り」と書くが、当用漢字ではないため「地すべり」と学会では表記している）が発生し、多くの人命が失われた。原因は、不法に残土を捨て、それが高くなり、地すべりが起こったようである。

地すべりは図 1.21 のように円弧面で起こる場合が多い。地すべりが起こる（であろう）A の重量 W によって円弧面には、すべりを起こすようなせん断力 τ（タウ）が作用し、それに抵抗するのが地盤の粘着力や摩擦によるせん断強さ s

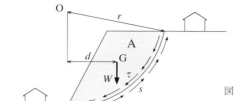

図 1.21 地すべりのメカニズム
(円弧すべり)

である。簡単にいうと、τ が s を超えると地すべりが生じる。

すべり面を円弧と考え、円弧の中心を O、半径を r、O と A の重心 G との水平距離を d とし、O に対するモーメントを考えると、次式が地すべりの起こる条件となる（$\sum s$ はすべり面についてのせん断強さ s の総和である）。

$$Wd > r\sum s \tag{1.1}$$

式は簡単であるが、すべり面は事前に分からないので、図の円弧を多数仮定する必要がある。また、地盤は一様でない上に、豪雨や長雨によって地盤が緩んで s が小さくなり、すべり易くなったり、地震力によって地すべりが引き起こされることもあるので、地すべりを事前に予測するのは難しい。

さて、このようなことを考えているうちに、雪の上に足跡ができる際にも同じような現象が起こることに気が付いた。

雪の上を歩くと、雪が潰される音が聞こえ、この音は気温によって異なる。一般的には気温が低くなるにつれ、乾いた感じの音となる。また、雪の上の足跡も雪質、積雪深、気温などによって異なる。

足跡ができる様子を図 1.22 のように考えると、靴 B が a) から b) となる際に、雪が圧縮され音が出る。この音は、気温があまり低くないうちは「ぐぅ」と聞こえ、気温が低くなるにつれ「ぎゅ」となる。気温がさらに低下しマイナス 10 ℃くらいになると、「きゅっ」と聞こえるようになり、そして次の一歩を踏み出す際には「キュッ」とさらに乾いた感じの音が出るようになる。

すなわち、次の一歩を踏み出す際には c) のように靴底の前半分に体重が移り、さらに次の一歩に移る際に d) のように靴底の雪が掻き出され、この際に「キュッ」と聞こえる。「キュッ」という音が聞こえた足跡を見ると、靴底の半分くらいの大きさで縦断面が半円状の雪 A が残っていることに気が付く。

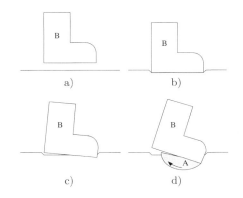

図 1.22 雪の上に足跡ができるメカニズム（靴 B が雪を押し固め、次の一歩を踏み出す際に雪 A を掻き出す）

もちろん、このようになるのは、規模も材質も異なるが図 1.21 と同様の現象で、せん断力による雪の破壊である。

もっとも積雪が少ない場合や気温が低くない場合には、図 1.22 d) のような現象は生じない。それでも，雪道を歩く際の音から気温を推定することができるであろう。また、自然とリズミカルに歩きたくなる雪道で、一歩ごとに「キュッ」「キュッ」「キュッ」という音が出た際には、足跡を確認して欲しい。雪のせん断破壊を目で見ることができるはずで、このようなことも、雪国で生活する楽しさの一つである。（2016 年 2 月）

1.12 広瀬隆著『原子炉時限爆弾』を読んで！

以前（2011 年 6 月）、同じ著者の『東京へ原発を！』（1.4 節参照）を紹介し、その中で「機会があったら標題の本を紹介したい」と書いたことが気になっていた。すぐにとも思ったが、冷静に考えてみたいという理由もあり、今回となった。

センセーショナルな題名の本書は、2011 年東日本大震災の前年 8 月に書かれている。「大地震動によって原子力発電所（原発）が被害を受け、コントロール不能となり、日本列島の大部分は人間が住むことができない程の被害を受ける可能性が高いので、即座に原発を止めるべき」ということが書いてある。

序章「原発震災が日本を襲う」では、原発震災が発生すると放射能汚染に

図 1.23　広瀬隆著『原子炉時限爆弾』（ダイヤモンド社 2010 年発行）

よって、日本の大部分は住むことができなくなる。その損害は（保険会社や電力会社は補償せず）国民の負担となる。このようなことを多くの日本人は理解していないと警告している。

第 1 章「浜岡原発を揺るがす東海大地震」では、東海地震の起こる確率が高まっており、地震発生によって浜岡原発が大きな被害を受けることになる。被害程度によっては、日本が壊滅してしまう。

第 2 章「地震と地球の基礎知識」は、地球の成り立ち、大陸移動説、日本列島の誕生など地球物理学の教科書的な内容が大部分である。地球は生きていて、変動している。地球の長い歴史から見て、ごく最近誕生した日本列島はまだまだ変化していて、どこでも地震・火山が起こり得るので、原発に安全な場所はない。

第 3 章「地震列島になぜ原発が林立したか」では、発生する地震の規模と被害を低く想定し、原発を造っている。強固な地盤上に原発は建設されているとしているが、日本にはそのような強固な地盤はない。近年の地震によって記録された地震動は、設計で用いた値よりも数倍大きな値となっていることがある。

第 4 章「原子力発電の断末魔」では、作ってしまえばもう消すことのできない放射能について書かれている。原発から出る高レベル放射能廃棄物は、冷却し続けながら長期間保管する必要がある。米国では「100 万年間、監視続けなければいけない」との報告もある。

「電力会社へのあとがき」では、原発震災が差し迫っているので、電力会社には原発を早急に止めて欲しいと懇願している。

本書のすべてに納得している訳ではないが、原発に関しては（2011年6月1.4節参照にも書いたように）未解決の問題があるのに運転していることに最大の問題がある。原発から出る (1) 放射性廃棄物を長年保管し（現在は原発の敷地内で）、(2) それから原発に再利用できる物質を取り出し（これが再処理）、(3) 残りの「高レベル放射性廃棄物」をガラスの容器に封じ込め（ガラス固化体）、(4) それをステンレスの容器に入れ（高レベル放射性廃棄物を専用の貯蔵庫に30〜50年間）保管し、(5) 最終的には地下深くで数万年〜数十万年間保管（地層処分）することになる。

以上の各ステップの技術すべてが完成されているとはいえず、試行錯誤を繰り返しているものもある。地層処分を始めた北欧の地層は数億年前にできた安定した地盤のようであるが、日本列島が生まれたのはせいぜい数千万年前で、地層処分に適する場所を見つけるのは難しく、引き受ける自治体もなさそうである。それを海外に依頼することも難しいし、引き受けてもらうことができたとしても、その費用は莫大かつ長期間となる。

原発の使用中の安全性を高めることはもちろん重要であるが、使用後の廃炉・放射性廃棄物の処理もそれと同等以上に重要である。（原発の寿命である）100年程度の短期的と同時に（処分に要する）数万年以上の長期的な安全性と経済性が分からなければ、原発の可否についての判断はできないと思っている。（2018年10月）

1.13　時間の単位は「秒、分、時、日、月、年」、その次は？

時間を表すには「秒、分、時、日、月、年」などを用いるが、基本となるのは「日」と「年」であろう。昼夜が生じるのは地球がコマのように回転（自転）しているからで（図1.24）、その回転の1周に要する時間（周期）が1日である。

1年とは太陽の回りを大きくまわっている地球の回転（公転）の周期である。この公転をしている軌道（黄道）面に対する垂直な軸から地球の自転軸（地軸）は23.4度ほど傾いて（より正確には22.1〜24.5度を周期4万年で変動して）いて、このため地球上では（北極・南極の近くを除き）四季が生じ

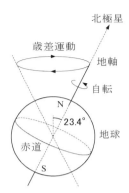

図 1.24 地球の自転と歳差運動

る。もし、地軸が傾いていないとすると地球上のどこでも昼は 12 時間、夜は 12 時間となり、季節の変化はなく（1 年中同じ季節）、公転による 1 周（1 年）という概念は不要となっていたに違いない。

　地軸が傾いて公転していることによって生じる春夏秋冬は人類にとって非常に重要で、いつ種子を植え、いつ収穫するかなど生活に直接関係している。ある年の春から翌年の春になると 1 年経過したことは大体分かるが正確には分かり難い。そこで、より正確に時間（年）の経過を知るために太陽・月・星の動きなどを観察し、暦ができ、占星術・天文学が発達した。

　月の満ち欠けの周期（29.53 日）を「月」とする太陰暦では、12 カ月を 1 年とすると季節が少しずつずれるため閏月を設ける（数年ごとに 1 年を 13 カ月とする）暦もあった。現在の太陽の動きを基本とする太陽暦の起源は古代エジプトにある。公転の周期は 365.2422 日なので、1 年を 365 日とすると 4 年で約 1 日のずれが生じる。このため、（西暦による年が 4 で割り切れる）4 年ごとに閏年を設け（これが「ユリウス暦」）、それでもずれが生じるので、100 で割り切れるが 400 で割り切れない年は平年とすることにした（2000 年は閏年だったが、2100 年は平年となる）。これが 1582 年に当時のローマ教皇グレゴリウス 13 世が定めた「グレゴリオ暦」である。これでも 3,000 年で 1 日のずれが生じるが、その補正方法は決まっていない。

　さて、「46 億年前に地球が誕生した」などと非常に長い時間を表すのに「年」を用いる場合が多い。「世紀」を単位としても、しょせん「年」が基本で

図 1.25 エジプト・ギザのピラミッドとスフィンクス（紀元前 2,500 年頃の建設といわれているが、紀元前 1 万年より旧いとの説もある。）

あるが、実は「年」より長い時間を表す単位として「大年」(great year) がある。地球は歳差運動（図 1.24）をしていて、その周期が約 25,800 年でこれが「大年」である。歳差運動とは（地球が自転しながら）地軸がゆっくりと回転する（コマの首振りのような）現象である。これによって、今の北極星（「こぐま座」のポラリス）はいずれ他の星（例えば西暦 13,500 年頃には紀元前 12,000 年頃の北極星であった「こと座」のベガ）になる。

歳差運動はギリシアの天文学者ヒッパルコスが紀元前 2 世紀に発見したといわれている。しかし、紀元前 2,500 年頃の建設といわれているエジプト・ギザのスフィンクスやピラミッド（図 1.25）は紀元前 1 万年より旧く、その時には歳差運動がすでに分かっていたとの説があり、いずれ紹介したいと思っている。（2020 年 7 月）

1.14　サッカーボールの形と構造の変化

サッカーというと黒い斑点のある白い球が転がっている様子を思い浮かべる人が多いであろう。このボールは 1960 年頃から用いられており、20 枚の六角形と 12 枚の五角形の牛革を縫い合わせ、内部に入れた牛の膀胱を空気で膨らませたものであった。

六角形と五角形の組合せとなっている理由を考えてみよう。等しい正多角形で構成される多面体で頂点が同一球面上にあるものを「正多面体」という。これには (1) 正三角形 4 面で構成される正四面体、(2) 正方形 6 面の（サイコロのような）正六面体、(3) 正三角形 8 面の（ピラミッドを上下に重ねたよう

図 1.26 サッカーボールの基となる切頂二十面体（ネットで検索するとこの展開図が得られる。）

な）正八面体、(4) 正五角形 12 面の正十二面体、(5) 正三角形 20 面の正二十面体の 5 種がある（この他に正多面体はない）。

この正二十面体には 5 つの正三角形が集まる頂点が 12 ある。この頂点を切り取ると切断面は五角形となり、頂点すべてを切り取ると三角形であった部分は六角形となる。これらがちょうど正五角形、正六角形となるようにし、（ボールの転がる様子が分かり易いように）正五角形の部分を黒くしたものがサッカーボールの基となる（図 1.26）。二十面体の頂部を切り取ったので、これを「切頂二十面体」というが、正六角形 20 と正五角形 12 なので 32 の面がある。

空気圧で膨らませ球体となったボールの表面には、ほぼ均等に縫い目が分布する。このためボールの転がりがよく、蹴ったボールに適切な回転を与え、転がりや空中の軌道をコントロールすることもできる。

ワールドカップ（W 杯）では 1970 年からこのボールが採用された（それ以前は 18 枚の細長い牛革を縫い合わせたボールが用いられていた）。なお、1986 年の W 杯から牛革は合成皮革となった。

サッカーボールの規定では a) 球形、b) 皮革または適切な材質、c) 外周 68〜70cm、d) 重さは試合開始時に 410〜450g、e) 空気圧は 0.6〜1.1 気圧と決められている。重さが試合開始時で決められているのは、牛革のボールは（特に雨天では）試合中に水を吸収し重くなるからである。合成皮革は水を吸収しないので、いずれボールの重さに「試合開始時」という条件は不要になるかも知れない。

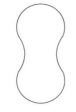

a. プロペラ型の面 　　b. ローター型の面

図 1.27　2006 年 W 杯サッカーボールの表皮（a. プロペラ型の面を表裏交互に 8 枚つなぐと球状になり、残った隙間を 6 枚の b. ローター型の面でふさぐ。この図はそれほど正確ではない。）

合成皮革を用いるとボールを平面から作る必要もなくなり、縫い合わせる代わりに接着剤を用いることもでき、スポーツ用品メーカーは次々と新しいボールを開発している。2006 年 W 杯では 8 枚のプロペラ型の面と 6 枚のローター型の面を組み合わせたボールが用いられた（図 1.27）。このボールはより真球に近く、無回転ボールも蹴りやすいようである。その後も開発が進められ W 杯のたびに新しいボールが用いられているが、いずれもかなり高額となるため、今でも六角形と五角形を組合せたボールが多く用いられている。

合成皮革を用いると、縫い目のような溝がまったくないスムーズな表面のボールも作ることができるはずである。しかし、完全な球体では転がりや軌道の予測が難しく、選手にとっては扱い難いに違いない。このようなことを考えると今後も比較的安価な六角形と五角形を組合せたボールが用いられるだろうが、いずれ溝の形状などの規定も必要となるのではないかと思っている。（2020 年 10 月）

1.15　円周率を最初に計算したのは？

円周率 π は円周の長さと円の直径の比で、半径 r の直径は $2r$ なので円周の長さは次式となる。

$$\text{円周の長さ}: 2\pi r \tag{1.2}$$

円の面積は図 1.28 左のように（ピザパイを多人数に分けるように）幅 b で高さ r の三角形に分割（正確には扇形となるが b を小さくすると三角形に近似）すると、この三角形の面積は $\frac{1}{2}br$ となる。円全体を細長い三角形に分割し、図 1.29 のように並べると底辺の長さの和は円周の長さの $2\pi r$ となるの

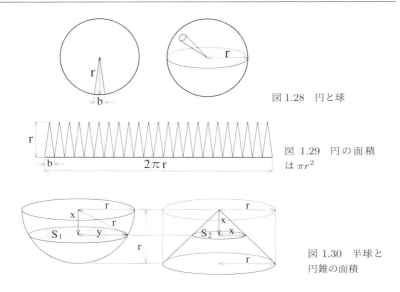

図 1.28 円と球

図 1.29 円の面積は πr^2

図 1.30 半球と円錐の面積

で、三角形の面積の和は $\frac{1}{2} \times 2\pi r \times r$ となり、円の面積は次式で得られる。

$$\text{円の面積}: \pi r^2 \tag{1.3}$$

球に関する式を導くのは少し面倒で、(他の考え方もあるが)次のように考える[1]。図 1.30 左のような半径 r の半球について上から x の水平断面(円)について、この半径を y とするとピタゴラスの定理から $x^2 + y^2 = r^2$ となるので、この円の面積 S_1 は次式となる。

$$\text{半球の切断面の面積}: S_1 = \pi y^2 = \pi(r^2 - x^2) \tag{1.4}$$

次に図 1.30 右のように底面の半径 r、高さ r の円錐について頂点から x の水平断面(円)を考えると、その半径も x なので、この円の面積 S_2 は次式となる。

$$\text{円錐の切断面の面積}: S_2 = \pi x^2 \tag{1.5}$$

上の 2 式を加えると、切断面の和 S は次式となる。

$$\text{切断面の面積の和}: S = S_1 + S_2 = \pi r^2 \tag{1.6}$$

1.15 円周率を最初に計算したのは？

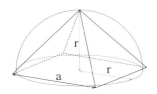

図 1.31 ピラミッドと半球
($4a = 2\pi r$)

上式は x の値にかかわらず S は一定となることを示している。すなわち、半球の断面積と円錐の断面積の和は、半径 r の円の面積となる。これを立体的に考えると、半球の体積と円錐の体積の和は、図 1.30 右の外側の細線で示される半径 r、高さ r の円柱の体積となる。

$$\text{円柱の体積}:\pi r^3 \tag{1.7}$$

円錐の体積は（積分公式を思い出すと）円柱の体積の 1/3 なので、半球の体積は円柱の体積の残りの 2/3 となる。球の体積は半球の 2 倍なので次式となる。

$$\text{球の体積}: 2 \times \frac{2}{3} \times \pi r^3 = \frac{4}{3}\pi r^3 \tag{1.8}$$

球の表面積は、図 1.28 右のように球を錐体に分割して考える（または上式を r で微分する）と次式となる。

$$\text{球の表面積}: 4\pi r^2 \tag{1.9}$$

以上のように、円周を表す π を用いると円の面積、立体の球の表面積や体積も簡単な式で表すことができる。

さて、π の値を 3.14 と最初に算出したのは定説では紀元前 3 世紀のアルキメデスである。しかし、それより 2,000 年以上も前に建てられたエジプトのピラミッドに π が用いられているという説がある。最大のクフ王のピラミッドの建設時の高さは 146.7m、底面は正方形で辺の長さは 230.4m なので、$2 \times 230.4/146.7 = 3.14$ とちょうど π の値となる。これは図 1.31 のように四角錐の底辺の和 $4a$ が半球の円周 $2\pi r$ に等しく、高さが r となっていることを示している。このようなことを根拠に「ピラミッドは底辺が赤道を示している地球の北半球を表している」という説がある（反論もある）ことを紹介しておこう[2]。（2021 年 1 月）

（参考文献）
1)「数学の世界：図形編」、Newton 別冊、2020.4
2) グラハム・ハンコック著、大地瞬訳『神々の指紋上下』翔泳社、1996.2

1.16　水道水が美味しいのはどこ？

　先日、ラジオで「故郷 N 県 M 市の（水道）水は美味しい」という視聴者の話を聞いた。水が美味しいかどうかは他の地で水を飲むと、その違いを感じることがある。私自身、生まれてから 25 年間は札幌に住んでいたので、その間に水の美味しさについて感じたことはなかった。1967（昭和 42）年に就職して東京（関東圏）に住むことになって、水が札幌ほど美味しくないと感じたが、その時は札幌ほど水が冷たくないからであろうと思っていた。

　建築研究所は 1979（昭和 54）年に東京から筑波研究学園都市に移転した。移転当初は、水に匂いがあるように感じ、工事直後の水道管のせいだろうと思っていた。実際、多くの家庭で浄水器を使用していたが、間もなく水道水の匂いも消え、慣れもあり浄水器を用いなくなった。なお、最近では筑波の水を不味く感じることはなく、美味しくなったと感じている。

　海外に行く機会が増え、水道水は飲めない国が多く、飲用の水を購入することになり、次第に水の味に関心を持つようになった。最初の海外出張は 1974（昭和 49）年カナダのバンクーバーで、ホテルで飲んだ蛇口からの水は冷たく非常に美味しく、今でも水道水の中で一番と思っている。この印象から、カナダの水道水は美味しいと思っていたが、1984（昭和 59）年から 1 年滞在した首都オタワの水はそれ程でもなかった。もっとも、海外では水道水を飲むことができるのは稀で、インドネシアや他の多くの東南アジアの国々では飲用不適である。ヨーロッパでも硬水のせいか水道水を飲むことを控え、飲用水を購入している人が多いので、私自身も水道水を飲むことを止めてしまった。

　1989（平成元）年から 2 年程滞在した南米ペルーの首都リマでは水道水は飲めず、30 リットル位入った水を購入し、常時 10 本以上備蓄し、炊事や食器洗いにも用いていた。当時のリマでは水道水が飲める・飲めないというレベルではなく、断水が頻繁に起こり、水の出る間にシャワーを急いで済ませる習慣が身についてしまった。シャワーが終わるまで水が出るとは限らず、

1.16 水道水が美味しいのはどこ？

表 1.3 個人的な水道水ランキング

ランク	国・都市名
特 A	カナダ・バンクーバー
A	北広島
	札幌
B	東京
	つくば（現在）
	カナダ・オタワ
C	筑波（移転時）
D	インドネシア・ジャカルタ
（飲用不適）	ペルー・リマ

シャンプーの最中に断水し、戸惑ったこともあった。（なお、現在では断水はめったに起こらない。）

さて、ペルーから帰国して、間もなく北海道大学に出向し、学生との旅行で別名蝦夷富士と呼ばれる羊蹄山の麓にある「ふきだし公園」に行った。そこでは冷たい飲むことのできる美味しい水がふんだんに湧き出していて、その光景に驚き・感激し、この水をリマに届けることができれば・・・と叶わぬことを感じた次第であった。

日本に住んでいると水の大切さをついつい忘れてしまうが、海外の研修生が日本から帰る際に何を持って帰りたいかを聞いたところ「水道の蛇口」と答えた話を思い出しながら、水の大切さを忘れないようにしたいと思っている。

表 1.3 に私の経験から個人的な水道水ランキングを示したが、まったくの独断である。特 A はバンクーバー、A は札幌、B はつくば、オタワ・・・で、D は飲用不適である。50 年近く前の経験も思い出しながら書いているので、現在では異なるかもしれない。ヨーロッパや他の国々では水道水を飲まなかったので、表に入れることができない。なお、日本各地の水道水は A または B に入ると思っている。

最後に、現在住んでいる（札幌市の南に接する）北広島市には水源がなく隣接する恵庭市から水道水を購入していて、（浄水施設を自前で建設する必要がない反面）水道料金はかなり高額である。しかし、漁川（石狩川水系の千歳川の支流）を水源としている水道水は常に（夏でも）冷たく美味しいので、

高額な水道料金を（他に選択肢はないこともあり）納得している。（2021 年10 月）

第 2 章

建築物・構造物について

2.1 耐震強度偽装事件と電算プログラム

2005 年 11 月に構造計算書を偽造した耐震性のきわめて低いマンションやホテルが多数建設されていたことが発覚した。それ以降、「耐震強度偽装事件」として頻繁に報道され、国会では参考人質問や証人喚問が行われた。最終的には裁判によって真相が明らかになるであろうが、ここでは偽造に用いられた電算プログラムの面からこの事件を考えてみたい。

コンピュータが非常に高価であった時代では、構造計算にコンピュータを用いることができたのは、ほんの一部の大企業であった。そして、建設の許可（建築確認）を受ける際に、構造計算プログラムの内容と出力された計算結果を説明する必要があった。

その後、構造計算プログラムの利用が徐々に増加し、1973 年に（財）日本建築センターに電算プログラム評定委員会が発足した（表 2.1 参照）。翌年に評定された構造計算プログラム DEMOS は、電話回線を通じて一般の設計事務所においても使用できるものであった。その後、多数のプログラムが開発され、中小の設計事務所でもコンピュータを用いた構造計算が行われるようになった。

構造計算プログラムには、ある会社で作成され、その社内で用いるもの（プライベート）と、ソフトメーカーが開発したプログラムで多数の設計事務所などが用いるもの（パブリック）があり、パブリック・プログラムを利用する設計事務所は、そのプログラムを誤りなく用いるために、運用者評定を受

表 2.1 電算プログラム評定の変遷

西暦	電算プログラムとその関連事項
電算プログラム評定以前	
～ 1973	建築確認時に電算出力の添付 建築主事に対する個別説明
第 I 期　1973～80	
1973	電算プログラム評定委員会の発足 （一貫処理プログラムの評定）
1974	第一号として DEMOS の評定完了
1980	・建築基準法改正
第 II 期　1981～99	
1981	・新耐震設計法の施行 小型計算機は許容応力計算まで 大型計算機は保有水平耐力計算まで パブリック・プログラムは運用者評定
1995	大型・小型計算機の種別廃止
1998	・建築基準法改正
第 III 期　2000～	
2000	電算プログラム審査委員会への移行 （図書省略を目的とした審査） 限界耐力計算法の審査開始

ける必要があった。

　1981 年に新耐震設計法が施行された後しばらくは、大型計算機は保有水平耐力計算を含む全ての計算ルート、小型計算機は 1 次設計までの計算ルートと区別があった。しかし、小型計算機の性能向上にともない、大型と小型の区別、プライベートとパブリックの区別、そして運用者評定もなくなった。

　更に、2000 年からは建築確認を申請する際に（分厚い）全ての構造計算書の代わりに、認定プログラムを用いる場合は、構造計算の概要書のみでよいという「図書省略」が可能となった。この概要書は、プログラムの誤用を防ぐため、計算途中で入力データを変更できない一貫計算を行い、エラーのない場合のみ認定番号などが印刷されるようになっている。この通り、用いられたのであれば、偽造はできなかったはずである。

　しかし、実際の設計においては、設計条件や部材の断面・鉄筋量などを繰

2.2 住宅の耐震改修を促進する New Elm 工法 **37**

り返し変更する場合が多くある。このため、プログラムには構造計算を部分的に行う機能もあり、（図書省略は認められないが）部分的にコンピュータを用いて構造計算を行うことも禁止されているわけではない。

耐震強度偽装事件では、このような機能を悪用し、（鉄筋を減らすために都合がよいように）入出力データを計算後に変更し、偽造計算書を作成したようである。建築主事は（評定範囲外の使用であったが、評定を受けたプログラムを利用していたということで半ば信用したせいもあろうが）、結果的に大きな偽造を見過ごしてしまったことになる。

今後は、電算プログラムの悪用防止策の強化と、より慎重な建築確認審査が行われると思われるが、いかなる悪用防止策を講じても、その裏をかく悪用を完全に防止することはできないであろう。電算プログラム評定書には「電子計算機の利用を設計業務の中に取り込むことは、いかに多様な機能を有するプログラムを用意したとしても、建築物の構造性能を向上させる手段では無いことを十分留意することが必要である。」と書かれており、今後もっとも必要なのは、このようなことを尊重する職業教育・人間教育・社会環境の実現であろう。（2006 年 2 月）

2.2　住宅の耐震改修を促進する New Elm 工法

「建築物の耐震改修の促進に関する法律」、通称「耐震改修促進法」が施行されたのは 1995 年 1 月の阪神淡路大震災が起こった年の 12 月であり、法律としては迅速な対応であった。しかし、その後の既存建物に対する耐震改修の進捗状況は満足のいくものではなく、2006 年 1 月には耐震改修促進法の改正が行われた。この改正では、耐震改修済の割合を現在の 75% から 10 年以内に 90% にすることを目標にしている。

このため、都道府県は個別に耐震改修計画を作成し、それを基に市町村も耐震改修計画を作成することになっている。しかし、民間の建物や住宅は、その所有者みずから耐震改修を行わなくてはならず、目標達成のためには所有者の立場から考えた実行可能な対策が必要である。

耐震改修が進まない理由として、耐震改修に要する費用が高いという経済的な面が大きい。住宅の場合、外壁の補修などと同時に耐震改修を行うのであれば費用は比較的少ないが、耐震改修のみを行うため、住宅に 100 万円以

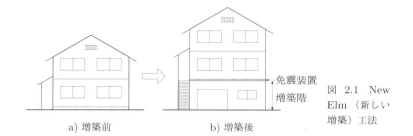

a) 増築前　　　　b) 増築後

図 2.1 New Elm（新しい増築）工法

上の支出を惜しまないのはごく一部の人であろう。

　このような状況の中で考えたのがNew Elm工法である（図2.1）。この工法では、既存の建物を持ち上げ、その下に新たに階を造る。すると、新しい階の分だけ床面積が増え、そこに車庫を設けると、路上駐車が少なくなる。また、ファミリー・ルームや趣味の部屋などを設けると、冬期の屋外活動が難しい雪国では特に利用価値がある。

　更に、新設の階と既存部分の間に免震装置を設けることによって、既存部分を補強することなく、地震に対する安全性を高めることができる。

　（社）北海道建築技術協会ではこれを New Elm 工法と呼び、研究会を設け実現に向けて活動を行っている。ちなみに Elm は Enlargement（増築）の略である。

　このように多くのメリットを持っている工法ではあるが、実現のためには次のような課題を解決する必要がある。

1) 新しく設ける階によって高さ制限に抵触することがある。延べ床面積が増加するため容積率も抵触したり、既存部の外側に階段を設けると建蔽率に抵触することもある。住宅は、一般に高さも延べ面積も建蔽率も制限値一杯となっていることが多い。このため、敷地に余裕がない場合などでは、法制上の制限が一番の問題である。

2) 建物を一時的に持ち上げ、その下に階を設けることは現在の技術で可能であるが、まだまだ高価で、より安価な技術が必要であろう。

3) 住宅用の免震装置も高価で、安価なものが望まれる。また、国土交通省の技術基準（告示）では基礎と1階の間に免震装置を入れることのみを想定している。免震装置が雪に埋もれるとその機能を発揮できな

いため、1 階と 2 階の間に免震装置を入れることもできるように技術基準を拡大する必要がある。

以上のようなことを考えると、このような新しい工法を実現させるには、技術面のみではなく法制面からのアプローチも重要であることが分かる。（2006年12月）

2.3　移設された明治時代の建築：石狩市の旧・長野商店

　石狩市の指定有形文化財である、旧・長野商店の店舗が石狩市弁天町に移設復原された（図 2.2）。左側の店舗は 1894（明治 27）年、右側の石蔵は 1880 年頃（明治 10 年代）に建設され、ともに木造骨組を外側から石で覆った木骨石造である。外装は札幌軟石で、札幌市南区石山から切り出されたものである。札幌軟石は約 4 万年前に支笏湖ができた時の火山爆発によって生じた火砕流が固まってできた石である。

　外装に石を用いているのは、耐火性を高めようとしたためである。この建物には数度の火災を受けた痕跡が残されており、外装の石がなかったらすでに焼失していたかも知れない。木骨石造は以前は札幌市内でも多く見られたが、老朽化によって取り壊され、最近ではあまり見られない。

　この建物は石狩市親船町から移設され、復原に当たっては構造的な補強も行っている。1 階正面の店舗入口には壁がなく、一つの大きな開口となっている。この開口上部には大断面の梁が入っていたが、梁のみでは 2 階を支えることが難しいため、木造の丸柱が途中に 2 本入っていた。この部分は、単に復原するのではなく、梁には大断面の集成材と鉄骨造の梁を併用し補強している。地震に対する検討も行い、大きな筋かいを内部に新設し補強を行っている。

　外部には 8 枚の看板が掲げられ、当時の様子が偲ばれる。内部には当時の店舗の様子などを再現するような展示物があり、中に入ると何となく昔の生活を懐かしく思い出すような感じがする。

　さて、図 2.2 の石蔵の右端には門柱のように突き出ている飾りがある。これは「卯建」と呼ばれるもので、隣家から火災が延焼しないように、火炎を

図 2.2 移設復原された旧・長野商店の店舗

図 2.3 徳島県美馬市脇町の「卯建」

防ぐ役目を持っているが、江戸時代に裕福な家が卯建のある家を競って造っていた。これが、「卯建があがらぬ」とは「地位や境遇が上がらない」という意味でよく用いられている語源である。

「うだつ」は「うだち」ともいわれ棟木を支える短い柱の意味もあり、このことが、上から押さえつけられていることを意味しているので、これが語源ともいわれている。図 2.3 は卯建で有名な徳島県美馬市脇町のもので、古い町並みを残した通りの両側には卯建のある家が並んでいる。この卯建は 2 階軒先の下にあり、頭を押さえつけられている感じがするので、これが語源との説もある。

北海道では卯建のある建物は非常に珍しいので、訪れた際にはこの部分にも注目して欲しい。なお、6.3 節（185 頁）で紹介している石狩灯台は車で数

分のところにあるので、近くを訪れた際には両方を見て欲しい。(2007 年 8 月)

参考文献:「長野商店物語－旧・長野商店の 120 年－」、いしかり砂丘の風資料館編集、石狩市教育委員会発行、平成 19 年 4 月 28 日

2.4 常陸太田市郷土資料館・梅津会館

図 2.4 は茨城県の北部にある常陸太田市の梅津(うめづ)会館である。この建物は、旧・太田町の役場として 1936(昭和 11)年に建設され、1978(昭和 53)年まで常陸太田市の市役所として用いられていた。市役所が移転した後は、梅津会館と改称され、常陸太田市の郷土資料館として用いられている。

図 2.4 常陸太田市郷土資料館・梅津会館

鉄筋コンクリート造 2 階建の梅津会館には、外装が黄褐色のタイル張り、縦長の細長い窓、正面に張り出した車寄せ(図 2.5)、意匠に凝った塔屋、側面のアーチ状の窓などから、昭和初期の建築の雰囲気が漂っている。内部の天井廻りや木製建具(図 2.6)にも昭和初期の趣がある。

この建物は郷土資料館として用いられてはいるが、市役所が他に移ったこともあり、十分には活用されていないようである。老朽化のため補修している部分もあるが、この建物を修復・保存し、住民が一層利用しやすいようにする計画がある。

修復・保存の際には、可能な限り竣工当時の姿に復元させることが原則であろうが、耐震性など構造的な検討も必要である。幸い、建物の背面側には

図 2.5 梅津会館の張り出した車寄せ

図 2.6 梅津会館の天井廻りと木製建具

耐力壁とみなせる壁があり、正面に平行な（長辺）方向の耐震性は十分ある。奥行き（短辺）方向については、若干の耐震補強が必要となるかも知れないが、ほんのわずかな補強で済みそうである。

　本建物を設計した際には、構造計算に考慮しなかったであろうが、耐力壁と考えることができる壁が階段室を含むコア部分にあり、これが耐震性を高めている。耐震規定ぎりぎりの設計、計算をごまかした耐震偽装事件のことなどを考えると、現在の規定にもほぼ合格するこの昭和初期の建物から見習うことも多い。

　さて、「梅津会館」と改称されたのは、この建物が太田町出身の梅津福次郎の寄付によって建設されたからである。資料館の展示によると、梅津福次郎（1858～1942年）は旧・太田村で生まれ、1880年23歳の時に「太田あたりにぐずぐずしていても仕方がない。体の続く限り頑張ってみよう」と誓って、

新港が開かれた北海道の根室へ向かった。しかし、嵐のため船が着いたのは函館であった。福次郎は函館で商売を始め、誠実な人柄と努力により海産物問屋として成功した。福次郎は故郷のことを忘れず、梅津会館の他にもいくつかの建物を寄付し、多くの事業などにも支援を行った。

　話は変わるが、最近、所得税の一部を故郷に納めることができるようにする「ふるさと納税制度」について議論されている。この制度については、賛成する人も多いが、収入が減る自治体の長などは反対している。ふるさと納税制度や故郷への貢献を考える際に、梅津福次郎と梅津会館のことが参考になるのではないかと思っている。（2008年4月）

2.5　建築審査会と全国建築審査会長会議

　2008年10月28日に「第55回全国建築審査会長会議」が札幌市のコンベンションセンターで行われ、全国から建築審査会長と建築行政担当者など約400名が参加した。その前日には公開の「記念シンポジウム」も開催され約350名の参加があった（図 2.7）。

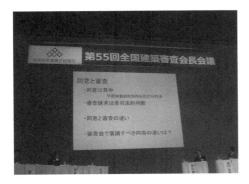

図 2.7　第 55 回全国建築審査会長会議

「建築審査会」とは建築行政の公正な運営を図るため、特定行政庁に設置される機関であり、建築基準法（第5章すなわち第78～83条）で定められている。建築審査会の主な役割は、(1) 建築基準法の規定に関する許可等に対する同意、(2) 建築主事や特定行政庁の処分に対する不服に関する審査請求の裁決、(3) 行政機関への建議である。（その他に特定行政庁の諮問に応じて重要事項について調査審議することもある。）建築審査会は、法律、経済、建

築、都市計画、公衆衛生または行政の専門家 5 名（または 7 名）で構成されている。

建築審査会が扱うもっとも多い案件は (a)「接道による建築制限」への許可同意である。建築物の敷地は幅 4m 以上の道路に 2m 以上に接していなければならない。しかし、建築基準法上は道路と見なすことができない港湾道路などに接している場合は、建築物の敷地として問題がない。このような場合には建築許可の迅速化と事務の簡素化を図るため（案件毎に建築審査会を開催せず）包括同意基準をあらかじめ作成し、それに基づいて許可を与えることもある。もちろん、その結果はまとめて建築審査会に報告され、同意を得ることになっている。

道路内には建築物を建てることができないが、高速道路内のゲートを含む管理施設などは道路内の建築物であり、建築基準法では (b)「道路内の建築制限」を受けることになるので、その建設には建築審査会の許可同意が必要である。

この他に、(c)「用途地域制限」によって建設が認められない建築物の許可も建築審査会の仕事である。

マンションや大型店舗などの建設に当たっては、建築基準法上は違法ではないが、住民がその建設に反対する場合もあり、その (d)「審査請求」を審議するのも建築審査会である。

以上の (a) と (b) については審議の中で問題が生じることは少ないが、(c) になると少し問題が出てくる場合がある。そして、(d) になると単に建築基準法に関する問題以外に周辺住民・環境に対する影響も考慮する必要があり、またその建築物の建設に対して利害関係が生じ、審議が難しいことになる。

以上のような問題が生じているため、全国建築審査会協議会では「建築審査会の課題と改革の方向性」について検討している。このため、日本建築学会と連携を図りアンケート調査を行ったりしている。記念シンポジウムでは、i) 地方分権に即した建築審査会へ、ii) 建築審査会の審査機能・審査能力の強化、iii) 中立公平な建築審査会への基盤強化と財政的充実、iv) 建築審査会の社会的・行政的役割の向上などをテーマとして、講演とパネルディスカッションが行われた。このような活動を通じての成果が建築審査会活動に反映され、結果的に建築活動を通して、よりよい住宅・建築・都市が次の世代に残されることを期待している。

2.6 建築物の敷地と道路の幅 **45**

　建築物を建築する場合には、その確認を受けなければならない（法第 6 条）が、この確認を行うのが特定行政庁の「建築主事」（法第 4 条）または民間の確認検査機関（法第 6 条の 2）である。「特定行政庁」（建築基準法第 2 条第 33 号）とは、建築主事の置かれている地方自治体の長のことで、都道府県知事または市区町村長を意味する。もっとも実際の業務を行っているのは建築指導を担当している部署である。なお、2008 年 4 月現在で全国に 436 の特定行政庁、285 の建築審査会がある。（2008 年 12 月）

2.6　建築物の敷地と道路の幅

　建築基準法第 43 条には「建築物の敷地は道路に 2m 以上接していなければならない。」という規定がある。このようなことが法律として必要か、2m は妥当かなどの疑問もあるが、自分の敷地内で一生を過ごすことはできないので、問題のない規定であろう。さらに、第 42 条では「道路とは幅員（道路の幅）4m 以上のもの」であるとの定義がある。要するに幅 4m 以上の道路に 2m 以上接していなければ、その敷地に建築物を建てることができないのである。

　さて、旧い街には幅 4m に満たない狭い道路も多いのが実状である。このため、1950 年の建築基準法制定時に既にあった道路は幅 4m 未満でも道路として認められている。しかし、通常の交通のためのみならず火災時に消防車が通るためなど防災上も、車がすれ違うことができる程度の道路が望ましい。このため、将来は幅 4m 以上の道路となるように、建築物を建て替える際には、道路の中心線から 2m 以上離れた位置まで下げるようにとの規定が第 42 条第 2 項にあり、このような（将来は幅 4m 以上となる予定の）道路を「2 項道路」と呼んでいる。

　建築基準法制定から 60 年も経過しているので、ほとんどの道路が幅 4m 以上になっていると思う人も多いであろう。しかし、道路の中心線から 2m 離して建築物を新築しても、後退して生じた空間を駐車場に用いたり、後で塀を設けたり、中には増築をしている場合もあり、道路幅が 4m となっていない部分も多い。

　もっとも、全ての道路の幅を 4m 以上にするのではなく、例えば旧い街路には歴史的な価値もあるので、そのような場合には幅を 4m 未満とすること

も認められている。この場合でも幅は 2.7m 以上との規定が第 42 条第 3 項にある。「3 項道路」と呼ばれるこの道路の幅は車がようやく 1 台通ることができる程度である。

図 2.8 江ノ島の狭い道路（車 1 台がようやく通過できる幅）

図 2.9 アルゼンチンのカミニート（壁はピンク・ブルー・オレンジ・黄色など鮮やかな原色）

図 2.8 は神奈川県藤沢市にある江ノ島の 3 項道路で、ここを訪れた時に、図 2.9 のアルゼンチンの首都ブエノスアイレスにあるカミニート（「小さな道」の意味）を思い出した。もっとも、カミニートの長さは 100m 程であるが、幅は 10m 以上あるので狭い道路ではない。アルゼンチン・タンゴの発祥地としても有名であるカミニートは、道路の両側にはカラフルな原色で外壁が塗られた建物が立ち並んでおり、その前には絵画などを所狭しと展示・販売されていて、観光名所となっている。

日本の狭い道には、カラフルな原色は相応しくないが、歴史的な町並みに

再現したり、雨の中でもしっとりと落ち着いた佇まいとなるように、その土地に相応しい住居が並んだりするならば、住民にも他から訪れた人にも魅力的な場所となるであろう。道路の幅が狭いということは、車が高速で通過することができないことになり、歩行者専用でなくとも歩行者は比較的安心して歩くことができる。いずれにしても、狭い道がその欠点を克服し、その良さを引き出すようになって欲しいと思っている。（2010 年 12 月）

2.7　トンネル天井落下事故の原因

　2012 年 12 月に中央自動車道の山梨県にある笹子トンネルで天井落下事故が発生し、9 名の方が亡くなった。トンネル内部の環境は建築物の内部とは比較にならないほど厳しいと思われ、1977 年に開通し 35 年が経過しているので、事故原因の 1 つは老朽化であろうことは想像できるが、もう少し考えてみよう。

　トンネルの構造は図 2.10 のようになっていて、天井板 C は端部がトンネルの側壁に取り付けられている支持金物 A で支えられ、中央は吊り棒 D に接合されている（なお、天井板の上の空間は換気に用いるダクトとなっている）。吊り棒はトンネルの最上部に埋め込まれたアンカー B に接合されていて、事故の原因はこのアンカーが抜け落ちたことによると報道されている。このアンカーはトンネル完成後に埋め込まれた「あと施工アンカー」と呼ばれるもので、コンクリートに（アンカー直径より少し大きな）穴を深さ 10 数 cm 開け、そこにアンカーを差し込み、接着剤で固定している（接着剤を用いない工法もある）。

　事故後、天井板の取り付け方法を知って、アンカーの用い方に驚いた。アンカーに力が作用する場合は、図 2.11 a) のようにアンカーにせん断力が作用するように取り付けるのが原則で、図 2.11 b) のように引張力が作用するのは構造的に好ましくない。すなわち、接着剤が劣化しても、図 2.11 a) の場合はアンカーは外れ難いが、図 2.11 b) の場合はアンカーはすぐに抜け落ちるからである。建築物の耐震補強の場合でも、可能な限りアンカーには（引張力ではなく）せん断力が作用するようにアンカーを配置している。35 年以上前であっても、あと施工アンカーに引張力が常時作用するのは好ましくないことは分かっていたはずである。それなのに、常に引張力が作用する箇所に、

あと施工アンカーを用いているので驚いたのである。

　天井板を支える図 2.10 の支持金物 A のアンカーには主にせん断力が生じるが、中央で天井を吊るためには、どのようにしてもアンカー B には引張力が生じてしまうので、やむを得ない構造のようにも思える。しかし、天井板を図 2.12 のように傾斜させると、左右の天井板が（アーチ構造のように）お互いに支え合う構造となる。その結果、例えばアンカー B が抜け落ちても、天井の重量は天井板内の圧縮力として端部 A に伝達される好ましい構造と

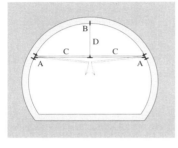

図 2.10　水平な天井

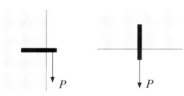

a) せん断力が作用　　b) 引張力が作用

図 2.11　外力 P によってアンカーに作用する力

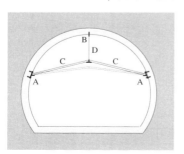

図 2.12　傾斜した天井

なる。

結局、天井落下の最大原因は、アンカー B が抜け落ちた場合には、どのような結果となるかを想定していなかったことにある。どんなに強靭な構造物であっても、作用する外力が想定以上に大きくなったり、長期間経過し老朽化が進むと、必ずいつかは崩壊する。構造物を設計する際には、「崩壊するとしたら、どの部分からどのようにして崩壊するのか」を想定し、たとえ崩壊しても急激な崩壊とはならないようにしておくのが重要である。東日本大震災の際に生じた種々の悲惨な状況を思い出しながら、「絶対安全ということは、絶対にあり得ない」ということをあらためて感じた次第である。（2013 年 2 月）

2.8 積雪による大スパン構造物崩壊の原因と対策

積雪によって柱と柱が数十 m も離れている大スパン構造物の崩壊は時々生じ、その原因として (1) 積雪が異常に多かった、(2) 雪が片寄って積もった、(3) 雨が降って雪が重くなったなどがある。しかし、他にも原因があるのではと思い、次のように考えてみた。

等分布荷重 w を受ける図 2.13 の構造物を図 2.14 のようにモデル化し、柱頭・梁（はり）端の曲げモーメントを M_1、梁中央の曲げモーメントを M_C とする。経済設計となるように $M_1 = M_C$ とすると、これらの値は $w\ell^2/16$ （ℓ はスパン）となり、柱脚 A と D には反力 $P_1 = w\ell^2/(16h)$（h は高さ）が作用する。

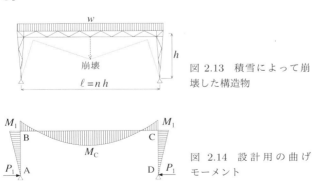

図 2.13 積雪によって崩壊した構造物

図 2.14 設計用の曲げモーメント

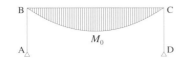

図 2.15 反力 0 の時の曲げモーメント

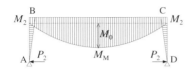

図 2.16 柱脚移動時の曲げモーメント

大スパン構造物には A～D 間に繋(つなぎ)梁が設けられていない場合が多いので、P_1 は基礎と地盤との摩擦力によって生ずるとする。A と D の基礎に作用する鉛直力は $w\ell/2$、摩擦係数を 0.5 とすると摩擦力は $F = w\ell/4$ となる。$\ell = nh$ (高さの n 倍がスパン) とし、摩擦力と反力が等しいとすると $n = 4$ となる。

すなわち、n が 4 を超えると図 2.14 の反力は摩擦力を超え、n が更に大きくなると、梁の曲げモーメントは図 2.15 に近づく。結局、梁中央の曲げモーメントは図 2.14 の 2 倍の $M_0 = w\ell^2/8$ となり、これが崩壊原因の一つに違いない。

更に、図 2.16 のように反力 P_2 が逆向きに生ずると、柱頭・梁端に曲げモーメント $M_2 = P_2 h$ が生じ、梁中央の曲げモーメントは $M_M = M_0 + M_2$ となる。このような状態はめったに生じないと思うが、力が直接加わらなくとも、基礎が移動し柱脚 A～D 間が広がったり、あるいは(低温により)梁が縮み柱頭 B～C 間が短くなっても P_2 が生ずる。

この影響を(計算の詳細は省略するが)次のように推察してみた。梁の曲げ剛性を EI とし、柱は梁に比べて短いので剛と見なすと、P_2 によって柱脚 A～D 間は $\Delta = nh^3 P_2/(EI)$ 広がることになる。一方、図 2.14 の梁中央の撓み $2w\ell^4/(384EI)$ が撓み制限の $\ell/250$ に等しいと仮定すると $EI \approx 1.3 w\ell^3$ が得られる。よって、$\Delta \approx nh^3 P_2/(1.3 w\ell^3)$ となる。ここで、M_2 が M_1 に等しくなる場合を考えると $\Delta \approx h/20$ となる。

すなわち、柱脚 A～D 間が $h/20$ 広がると、$M_2 = M_1 = M_0/2$ となり、これも崩壊原因となる。もっとも、柱脚 A～D 間の広がりが $h/20$ となる(左右の柱が 1/40 傾く)ことは通常は起こらないかも知れないが、高さ 5m・ス

パン 50m の場合には柱脚 A〜D 間が 25cm 広がることになり、地盤・地形状況によっては柱脚が基礎・地盤とともにこの程度移動することは考えられる。

次に、温度による影響を考えてみよう。鋼材の熱膨張率は 0.00001/度なので、温度変化を t 度とすると梁は $\Delta = t\ell/100000$ 伸縮する。真夏には直射日光によって鋼材は手で触ると火傷をするくらい高温になり、真冬には零下 30 度を下回ることもある。よって、t を 50 度と仮定し、$\Delta = \ell/2000 = nh/2000$ から、$n = 10$ とすると $\Delta = h/200$ となる。すなわち、M_2 は M_1 の 1/10 となり、この程度の温度変化のみでは崩壊を引き起こすことはないであろう。

以上の考察から、積雪による大スパン構造物崩壊の原因は、積雪が多かったことの他に、基礎を繋ぐ梁がないこと、そして十分な摩擦力が生じなかった、あるいは柱脚が広がるように基礎が移動したことが考えられる。対策として、剛強な繋梁を設けるか、設けない場合は図 2.15 の状態となることを想定した設計を行い、基礎が移動し難いように設計するならば、この種の事故は大幅に防げると思っている。（2013 年 4 月）

2.9 これからのフラットスラブ構造

ビルやマンションの室内で天井を見上げると、柱・梁が突き出ていること（図 2.17）に気が付くことがある。そして、柱や梁が見えない方が、デザイン的にはすっきりすると思う人も多いであろう。しかし、柱や梁は構造的に重要で簡単に取り除くことはできない。

図 2.17 室内から見える柱と梁

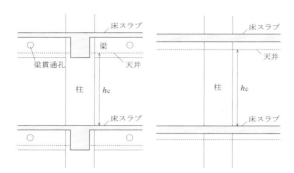

図 2.18 ラーメン構造（左）とフラットスラブ構造（右）

このような建物の断面は図 2.18（左）のようになっていて、柱と梁で構成されるこの構造をラーメン（構造）という。図の点線は天井を示しており、天井裏には設備の配管や配線が入っている。梁には、この配管や配線を通すため、貫通孔と呼ばれる孔がある。天井を梁の下に設けると、梁を隠すことができるが、天井高h_cが低くなり、室内空間が小さくなって圧迫感を感じる人が増えるであろう。

このようなことを考えると、図 2.18（右）のように梁のない構造ならば、天井高も高くでき、天井裏の空間は連続しているので、（貫通孔を設けなくとも）配管や配線を通すことができることに気が付くであろう。事実、梁のない構造があり、フラットスラブ構造あるいは無梁版構造と呼ばれる。しかし、地震時に柱に取り付く部分の床スラブが損傷して、床スラブが落下する危険性もあり、日本ではあまり用いられていない。

一方、フラットスラブ構造は建物内の空間の有効利用・施工期間の短縮・工事費の削減などが可能となるので、海外では地震の起こる国々でもよく用いられている。図 2.19 は米国シアトルの建設中の建物で、図 2.20 から分かるように梁のないフラットスラブ構造である。

さて、最近のマンションの床スラブの厚さは、（梁・小梁がある場合）構造的には 12～15cm でよいが、上階からの足音やその他の生活に伴う騒音を遮断するため 20cm 程度と厚くしている場合が多い。これを発展させ、騒音防止のみではなく、梁の代わりになるように床スラブを厚くし、耐震的に有効な補強をするならば、耐震的なフラットスラブ構造が可能となる。日本でも、耐震性に問題の少ない工法が開発され、徐々に用いられるようになってきて

2.10 建築物のダイヤフラム、コード、コレクターと構造健全性   53

図 2.19 建設中の建物（米国シアトル）

図 2.20 梁のないフラットスラブ（無梁版）構造

いるが、今後さらに改良されるのであれば、この構造がもっと広範に用いられるに違いないと思っている。（2014 年 8 月）

2.10 建築物のダイヤフラム、コード、コレクターと構造健全性

図 2.21 は建築物の平面を模式的に示している。日本では、一般にすべての柱には X, Y 方向に梁が剛に接合され、図 2.21 の柱■すべてが水平力（地震力や風圧力）F に抵抗するラーメン構造として設計する。しかし、米国では、特に鉄骨造の場合、柱と梁は水平力を負担させる部分のみを剛に接合し、その他はピン接合とするのが一般的である。例えば、図 2.22 では 1 通と 6 通の

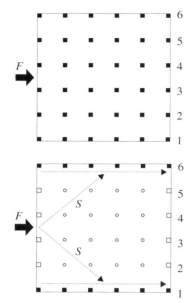

図 2.21 すべての柱■が水平力を負担する構造

図 2.22 水平力を負担する柱■とそれ以外の柱□と○

柱■のみが矢印の水平力 F に抵抗するとして設計することが多い（□は直交方向の水平力に抵抗する柱、○は床を支える柱である）。

図 2.22 において、水平力 F が作用すると、その力は床スラブの面内力 S として伝達され、それに抵抗するのが 1 通と 6 通の柱である。このため、床は積載荷重を支える他に水平力を端部の柱まで伝達させるという重要な役割があり、これをダイヤフラムという。

図 2.23 において、1 がダイヤフラムで、その幅 D が小さいと、水平力 F によってコード 2 には大きな引張力または圧縮力が作用する。柱と柱（壁の場合もある）の間は水平力を伝達する重要な部分となり、これがコレクター 3 である。米国では水平力を負担する部材（図 2.23 では構造壁 4）まで水平力を伝達するために必要なダイヤフラム、コレクター、コードなどについて、日本にはない規定がある。日本では、すべての柱が水平力を負担するので、鉄筋コンクリート造の床がある場合には、水平力の伝達について特別な検討は不要である（鉄骨造体育館の屋根のような架構では、水平力の伝達につい

2.11 鳩を飼わない「ハト小屋」

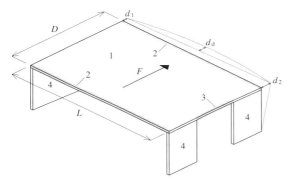

図 2.23 ダイヤフラム 1、コード 2、コレクター 3（構造壁 4、ダイヤフラムの幅 D、水平力 F、ダイヤフラムのスパン L、左右端の変位 d_1, d_2、ダイヤフラムの変形 d_d）

て検討する必要がある）。

　日米の以上のような差異は以前からの工学的慣習によっていると思われ、簡単に優劣は付けられない。日本の方が接合は複雑で建設費は高くなるが、構造的な粘りは大きくなる。逆に、米国の方が接合部は簡単で経済的であるが、構造的な粘りは小さいといえるであろう。

　さて、2001 年にテロリストが乗っ取ったジェット旅客機がニューヨークの世界貿易センター（110 階建、高さ 411m）に衝突した。その後、火災が発生し、このビルは 2 棟とも 1〜2 時間後に完全に崩壊し、多数の人命が失われた。この構造は図 2.22 を超高層に利用したチューブ構造であった。航空機の衝突のような事象は、建築物の設計には考慮されないのが通常であるが、ISO の「構造物の信頼性に関する一般原則」の中では、通常は生じないような作用を偶発作用（accidental action）、想定外と思われることが起こっても容易には崩壊しない性能を構造健全性（structural integrity、構造ロバスト性ともいう）といっている。人知の及ばない事象はこれからも起こり得る。構造物の設計には、（法令を守っても）経済性を優先するばかりでなく、構造健全性も忘れてはならないと思っている。（2016 年 4 月）

2.11 鳩を飼わない「ハト小屋」

　建物の屋上に箱のようなものが見えることがある（図 2.24 参照）。これは通称「ハト小屋」と呼ばれ、建築の図面にもそう書いてあるので、本当に鳩

図 2.24　ビルの屋上の「ハト小屋」

を飼育すると思う人もいる。しかし、これは「屋上の屋根版を貫通して、突き出た配管を雨仕舞い（建物の中に雨水が入らないようにすること）のために覆う小さな上屋」のことである。

　この他に建築や建設現場の用語には動物の名前が付いているものがあり、そのいくつかを紹介する。

「あて馬」（当て馬）予定の入札者の数をそろえるため、落札の希望がないにもかかわらず、入札者の中に加えられるもの。種馬となる牝馬の発情具合を確かめるためにあてがわれる牡馬が語源のようで、相手の様子をうかがうために仮に出してみるもの。選挙で「当て馬候補」という表現もある。
「あんこう」軒樋と縦樋をつなぐ「あんこう」型をした樋（の一部）のことで、「がん首」ともいう。
「犬釘」（いぬくぎ）レールを枕木に止める釘のこと（形状が犬の頭部に似ている）。
「犬走り」（いぬばしり）建物の外壁に沿って軒下に砂利などを敷いた（犬が走る程度の）幅の狭い部分。柵・塀の外側に狭く残された土塁上面も犬走りと呼ばれる。
「馬」持ち運びのできる架台、脚立、踏み台。
「かも居」（鴨居）建具の上部にある溝が付いている（敷居の上にある）横材。
「さばを読む」（鯖を読む）自分の利益になるように数量をごまかして多く（または少なく）いう。鯖は腐りやすいので、数えるときに急いで数え、数をごまかすことが多い。

「猿ばしご」丸太を踏み板とした簡単な垂直はしご。

「せみ」（蝉）ものを引き上げる際に用いる小型の滑車。

「千鳥」第 1 列と第 2 列をずらせること。例えば、防水工事でルーフィングの継ぎ目を互い違いに張ることを「千鳥張り」という。（建築とは関係がないが）「千鳥足」、「千鳥掛け」、「千鳥格子」という表現もある。

「とら」「とら綱」のことでタワーなどの工作物を支えるため、数方向に斜めに張って固定する綱。「弓とら」は障害物のためとら綱を所望の方向に張ることができない場合に、突っ張りを出して、とら綱をはること。

「とんび」（現在では滅多に見かけないが）杭打ちに用いるモンケン（杭打ち用の錘）をつり上げる工具。モンケンが所定の高さに達したとき、これを外して落下させ杭頭を打つようにする。

「猫車」（ねこぐるま）土砂などを運ぶ手押しの一輪車、「猫」と略することもある。猫車を通す板を敷いたものを「猫足場」という。英語に似た表現があり、catwalk は工場や舞台の天井近くにある幅の狭い歩行（作業）通路である。なお、猫車は barrow または wheelbarrow という。

「蛇下がり」（へびさがり）樹木が落雷や凍裂（樹木が凍って裂けること）によって縦に割れが生じ、それをふさぐように樹木が自ら成長した蛇のように見える部分。

「モンキー」ボルトを締める工具、モンキーレンチ、モンキースパナの略、くわえ口の大きさが自由に調整できるので、異なる径のボルトに用いることができる。

　建築用語が一般的な用語になったり、またその逆もある。今では死語に近いものもあるが、趣のある用語は是非残って欲しいと思っている。なお、以上の用語は参考文献を参照したが、最近生まれたであろう「ハト小屋」は載っていない。（2017 年 10 月）

（参考文献）山崎正男著『新版・建設現場用語集』、三宝社、1974.1

2.12　ロンドン高層住宅の火災の原因は改修工事 !?

　2017 年 6 月 14 日未明に英国ロンドン西部の高層ビル「グレンフェル・タワー」で火災が発生した。火災は瞬く間に広がり、建物全体が火炎に包まれ、

鎮火までに2日間を要し、死者は（推定）79名となった。この様子は日本のテレビでも大きく報道されたので覚えている方も多いであろう。

この建物は地上24階、127戸の公営集合住宅（4階までは事務所など）で1974年に完成した。火元は8階の住戸にあった冷蔵庫である。火災発生後、約15分で建物全体が火炎に包まれた。この原因は比較的はっきりしていて、2015～16年に大規模な修繕が行われ、それが災いしたのである。

図2.25 火災で黒焦げになったグレンフェル・タワー（ラティメール・ロード駅プラットホームから撮影）

大規模修繕の目的は快適性の向上で、暖房・給湯システムの更新とエネルギー効率を高めるための断熱改修などであった。建物の外側から取り付けられた厚さ150mmの断熱材は（難燃性とはいえ）可燃性で、米国では高層建物への使用は禁止されていたが、英国の基準には違反していなかったようである。また、断熱材の取り付け方が適切ではなかったとの指摘がある。

一般に、火災が発生しないようにすることと同様に重要なのが、火災が発生しても容易に広がらないようにすることである。この建物の断熱材の外側は金属板の仕上げで覆われており、断熱材との間には結露防止のため50mmの空隙（通気層）がある。全く燃えない断熱材を除き、断熱材に着火しても、火炎が広がらないようにするため通気層には（例えば各階ごとに）不燃材料の仕切り（ファイヤーストップ）を設ける必要がある。しかし、通気層は連続していたか、あるいはファイヤーストップに隙間があり、通気層が煙突のような働きをして、火炎は一気に広がったようである。結局、建物の外周の断熱材ほぼすべてが延焼した。また、建物内部には防火壁はなく、火災は内部でも広がり、建物の構造体を残してほぼ全焼してしまった（図2.25）。

死者が多数になったことについては、避難対策に問題があったようである。住民には火災の際には避難するより部屋に留まるようにとの掲示があった。これは、高層建物は一般に火災が生じても広がり難く、また住民が一斉に階段で避難する際のパニックを防ぐためである。しかし、このような住民への指示が避難を遅らせた原因の1つに違いない。さらに、1箇所しかなかった階段は火や煙を防ぐような構造ではなかった。

現在の英国の建築基準では（このような建物には）階段を2箇所以上設け、消火のためのスプリンクラーも設けるようになっているが、旧い建物には適用されていない。建物の基準を改正しても、既存の建物をどのようにするかは、大きな問題である。特に、賃貸住宅の場合、住民が自ら建物を改修することは難しいので、大規模改修を計画した際に快適性を優先し、火災安全性を考慮しなかった行政の責任は大きいであろう。

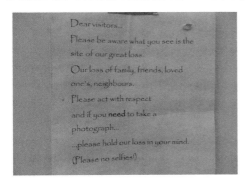

図 2.26 訪れる人へのメッセージ（最後の行 Please no selfies!：自撮り禁止）

最後に、図 2.26 は被災建物を囲っている塀の貼り紙である。「多くの方が失われた場所です。写真を撮るときは、そのことを忘れないで欲しい。」という趣旨のことが書かれている。シャッターを押すのを躊躇したが、「このようなことが再び起こらないように」と伝えるためには、写真の使用も認められると思っている。（2018年1月）

2.13 断熱性能を示す Q 値、U_A 値とその単位

断熱性能を示す熱損失係数 Q（キュー）値は 1980（昭 55）年以来用いられていたが、2013（平 25）年から外皮平均熱貫流率 U_A（ユーエー）値が用い

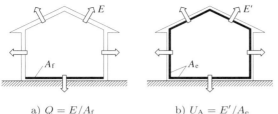

図 2.27 熱損失（矢印）と計算に用いる面積（黒太線）

られている。

Q 値とは、（図 2.27 の矢印で模式的に示した）建物の内部から外部へ逃げる熱量 E を延床面積 A_f（図 2.27a の黒太線）で除した値である。

$$Q = \frac{E}{A_f} \tag{2.1}$$

この E は内外部の温度差が 1 度の際に、建物から外部へ単位時間に逃げる熱量（熱損失量）の総和である。その単位は W/K で、W はワット、K はケルビン（絶対温度）である。もっとも、温度差を用いるので、絶対温度でも摂氏でも変わりがない。

(1) 屋根・天井、(2) 換気、(3) 外壁、(4) 床、(5) 開口の各部位から逃げる熱量は、各部位の面積と熱貫流率の積に外気係数（例えば、床：0.7、その他：1.0）を乗じて求める。ただし、換気については換気回数（0.5 回/h）と気積（室内の空気の総量）の積に係数（0.35）を乗じて求める。

一方、U_A 値は熱損失量 E'（E とは異なり、熱貫流率から計算できない換気による熱損失を含まない）を外皮等面積 A_e（図 2.27b の黒太線）で除した値である。

$$U_A = \frac{E'}{A_e} \tag{2.2}$$

結局、U_A 値は建物外皮の平均的な熱貫流率である。

「建築物のエネルギー消費性能の向上に関する法律」（建築物省エネ法）の基準では、Q 値の基準値は札幌を含む北海道の大部分で 1.6、東京以西の大部分で 2.7 であった。U_A 値の基準値は、北海道で 0.46、東京以西で 0.87 である。

Q 値から U_A 値になったのは、Q 値は換気装置の影響が大きく、断熱性能のみを評価した方がよいとの判断があったからである。しかし、U_A 値のみ

で冷暖房に関する性能がすべて分かるわけではなく、冷房効果に重要な日射の影響を表す平均日射熱取得率 η_A（イータエー）値があり、東京の基準値は2.8 である。Q 値と U_A 値は、小さいほど断熱性能がよい。η_A は、冷房時には日射を防ぐため小さい方がよいが、暖房時には大きい方がよい。

　門外漢として、このようなことを書いたのは、Q 値・U_A 値などについて知りたかったからである。ネットで調べると、大体のことはすぐに分かったような気がするが、正確には分かり難いのである。

　分かり難い原因の 1 つは単位の表示にある。例えば、Q 値と U_A 値の単位が W/m^{2}K などと書かれている。W はワット、m^2 は面積と推察できるが、K がケルビン（絶対温度）であることを（その専門家には常識かも知れないが）書くべきであろう。さらに、熱貫流率に K を用いている場合があり、混乱してしまった。なお、国際的には熱貫流率に U を用いており、日本でも（以前は K を用いることもあったが）U を用いるようになった。このようなことが分かり、記号 U_A は国際的に熱貫流率を表す U に平均（average）を表す添字 A をつけたものであろうと気が付いた次第である。

　余計なことを書いてしまったが、結局、単位は W/(m^{2}K) または W/m^2/K であることが分かるまでには、かなりの時間を要した。技術的な記述は専門外の人にも分かり易いように、かつ数式・記号・定義などを正しく書いて欲しいと思った次第である。

　最後に、U_A 値と η_A は小さいほど省エネ性能が高くなるということが分かっても、冷暖房に必要な費用・電力量などを簡単に計算できるわけではない。これらの数値は便利であるが、一般人にも分かり易く納得できる新しい指標ができることを期待している。（2018 年 4 月）

2.14　地震にも津波にも強いブロック造の現状と将来

　補強コンクリートブロック（CB）造は、第二次世界大戦後に都市の不燃化と住宅不足解消のため、国として普及を進めた。火山灰を軽量骨材として利用できる北海道では 1952（昭 27）年に「北海道立ブロック建築指導所」を札幌市に設立した。その後「寒地建築研究所（寒研）」、「寒地住宅都市研究所」と名前を替え、これが現在では旭川市にある「北方建築総合研究所（北総研）」である。

1953（昭 28）年には、北海道防寒住宅建設促進法（寒住法）が制定され、公的な資金を利用する住宅には簡易耐火構造以上の性能が要求されることになり、公営住宅や住宅金融公庫の融資住宅のほとんどが CB 造となった。全国的にも CB 造が多数建設され、ストックは 1973（昭 48）年に最大の約 76 万戸となった。現在のストックは約 1/3 となり、その半数以上は 1960（昭 35）～1980（昭 55）年に建設されたものである。

1970（昭 45）年以降は、金融公庫の融資が木造住宅にも適用されたため、CB 造の建設戸数は全国的に急減した。木材が比較的高価である沖縄では、CB 造と木造の価格差が小さく、木造には白蟻の被害もあるため、年間約 900 戸の CB 造の建設があり、全国最大である（ストックとしての CB 造は北海道が最多である）。

CB 造の建設が減少した最大の原因はコストで、RC 造や鉄骨造に比べると安価であるが、木造より高価である。ブロック自体は安価であるが、現場施工に時間を要し、最近はブロックを積む職人も不足し、木造との価格差は大きくなっている。

CB 造の構造規定が厳しく自由な設計が難しいが、このため CB 造の地震被害はほとんどない。2011 年東日本大震災でも、構造的な被害はほとんどなく、津波にも耐えることができた（もっとも、津波が浸入した内部の床・壁・天井など仕上げ材の被害は大きかった）。

図 2.28 は、日本にも大きな被害を引き起こした 1960 年チリ地震津波を体験した大工・三浦賢吉が「津波に耐えることができるのは木造ではなく CB

図 2.28　津波に耐えた CB 造住宅（大船渡市赤崎）

2.14 地震にも津波にも強いブロック造の現状と将来

造である」と確信して建てた自宅である。彼は大船渡市赤崎に、多数のCB造を建設し、東日本大震災による津波によって周囲のほとんどの木造は崩壊したが、彼の建てたCB造は津波に耐えた。1923年生まれの三浦は1990年に亡くなったが、その後一人で住んでいた妻・千花野は大震災をこの家で経験した。2階の天井数センチ下まで津波が浸入したが、夫が建てたCB造のお陰で一命を取り留めることができた。

　NPO法人はこの住宅を「津波祈念館」として残すことにし（図2.28）、CB造の祈念碑がその前に建てられた（図2.29）。将来は、市が管理して欲しいと考えているようであるが、市にはそのような計画はない。この建物は、津波被害のため「すべての住宅を撤去し住宅の建設を禁止する」と市が決めた区画からほんの少し離れているため、津波を受けた当時の状態で取り壊されず残っているが、今後どうなるかは不明である。

図2.29　CB造の大船渡津波祈念館の碑

　CB造は地震にも津波にも強く優れた構造・工法であるが、最近ほとんど建てられていない。もっとも、デザイン的にも優れ、外断熱工法を用い極寒も猛暑も快適に過ごせるCB造も建設されている。これからは、設計の自由度も考え、デザイン的にも価格的にも魅力的なCB造が可能となるように構造規定などが見直され、そのメリットを活かした多数のCB造が建設されることを期待している。（2019年4月）

2.15　フィリピンは破れ・日本は芋？！

　フィリピンでは多くの建物に日本のコンクリートブロック（CB）と同じような CB が用いられているが、積み方は日本のような芋目地ではなく破れ目地である（図 2.30）。日本の補強 CB 造は地震・台風・津波にも強靭で構造的な被害はほとんど生じない。しかし、フィリピンでは構造的には好ましい破れ目地なのに、地震や台風の度に大きな被害が生じている。

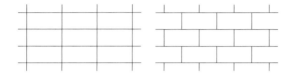

図 2.30　芋目地（左）と破れ目地（右）

　最大の原因は CB の品質にある。大部分が簡便な小型手動式成形機を用い家内工業的に製造（バックヤード・マニファクチャラー）され、セメント量が少なく、低品質で低強度（指で力を加えると部分的に壊れてしまう程度）のものが多い。

　補強鉄筋は入っているが適切に入っているとは限らない。CB の寸法精度も低く、縦横の目地モルタルの厚さは 3cm 以上が普通で、CB が積み上がった表面には凹凸が生じるので、厚さ 3cm 程度の下地モルタルを塗り、その上に塗装仕上げなどをしていることが多い。また、鉄筋の有無にかかわらず CB 自体の空洞と隣接する CB との間をすべて（コンクリートまたはモルタルの）グラウトで充填する。グラウトはプレミックスされた材料に水を加えて現場で作るが、この費用は CB 自体よりも高い。高価な材料を多く使っているのに、構造的には極めて脆弱なのがフィリピンの CB 造である。

　このような課題に対して北海道建築技術協会は 2018 年度から国土交通省の補助による住宅建築国際展開支援事業として「フィリピンにおける安全なブロック造技術の普及」を行っている。この中で、1) 高品質 CB の使用、2) 施工の簡素化、3) 施工期間の短縮を基本的な考え方とし、次のような提案を考えている。

　提案Ⅰは日本の補強 CB 造を改良し、床スラブを強化し臥梁を簡略にする

2.15 フィリピンは破れ・日本は芋？！

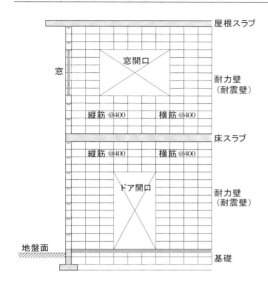

図 2.31 提案 I（日本の補強 CB 造を改良した工法）

工法である（図 2.31）。壁の交差部や端部の納(おさ)まりを簡略化し、型枠を最小にする。床スラブは現場打ち RC スラブ、デッキスラブ、ハーフ PC などを選択できるようにする。また、CB の基礎も可能とし、施工の合理化を図る。

提案 II は新しい CB（図 2.32）[†]を用い、破れ目地も芋目地も可能で、目地モルタルなしに CB を組積し、グラウトを後で充填することもできる工法である。CB の長手方向に少し傾斜した凹みを設け、上下の CB 間にずれ防止の円柱状のプラスチック製スプラインを挿入し、これを左右に移動させると面外の傾斜を修正することができる。

このような提案がフィリピンに定着し、建築物・住宅の安全性の向上、日比の関係強化、日本企業のビジネス展開などにも貢献できるようにと期待している。また、日本国内にも反映され、健全な CB 造の普及に寄与できるようにと願っている。（2020 年 1 月）

[†] その後の検討で図 2.35（69 頁）のユニットを用いる方がよりよいと思っている。

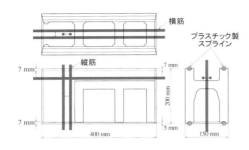

図 2.32 提案 II（新しい
芋・破れ兼用 CB）

2.16　ラーメン vs トラスと 2 つの鉄塔

「ラーメン」と「トラス」というと、建設関係の人はすぐに構造の形式であることが分かる。ラーメンとはドイツ語の Rahmen（額縁）が語源で、柱と梁が剛に（角度を変えないように）接合されている構造である（このため英語で rigid frame ということもあるが moment resisting frame の方が適切である）。このため筋かいや耐震壁・耐力壁がなくとも地震力や風圧力に抵抗でき、床が柱と梁のみで支持されているので、間仕切り壁を自由に設けることができる。このためオフィスビルやマンションのほとんどはラーメン構造である。

これに対して、トラス（truss）は細長い部材を三角形となるように組み合せた構造である。トラスの部材には圧縮力または引張力のみが作用するので、断面の小さな部材で大きな構造物を造ることができる。このため、塔や橋などに用いられることが多い。

図 2.33 は小樽市にある高さ 14m の火の見櫓で、外見からトラス構造の鉄塔であることが分かる。この鉄塔は 1927 年に建設され、1986 年に町内会館の建て替えに伴い約 10m 移設された。火の見櫓は電話の 119 番通報で消防車が出動するようになり、全国的に取り壊されるようになった。これもいずれ解体される運命であったが、有志が「まもる会」を設立し、無償で譲り受け、今後の管理を引き受け、残すことに決まった（補修費・保存費などの問題は残っている）。

図 2.34 は北海道 100 年記念事業として 1968 年に着工、1970 年に完成し

2.16 ラーメン vs トラスと 2 つの鉄塔

図 2.33 火の見櫓（小樽市住ノ江地区）

た札幌市厚別区にある高さ 100m の北海道百年記念塔である。当時の工事費約 5 億円の半分は道民からの寄付であった。実は、北海道（道庁と道議会）としては、この塔を解体すると決めている。その理由は、老朽化による錆片の落下が見られるようになり、2017 年に幅 0.4m、長さ 2m 程の鉄板が落下したこともあり、「安全性確保や将来の世代の負担軽減の観点から解体もやむを得ない」とのことである。

図 2.34 北海道百年記念塔（札幌市厚別区）

この塔の補修・維持費（今後 50 年間で約 30 億円）は莫大で、それを後世の道民に負担させるのは忍びないとのことである。しかし、落下した鉄板は最初から取り付けてあったものではなく、雨水を外部に導く水切り板で、完成後に取り付けたもので、その取り付け方が適切ではなかったことが原因で

ある。

結局、多額の費用負担を嫌い、鉄板の落下を契機に、解体へと進んだと思われる。解体するにしても費用は約6億円と少額ではなく、この塔を残したいと思っている人も多いので、塔を残すことに解体費用を用いるがよいであろう。

この塔は、外から耐候性鋼板で覆われているので外観からは分からないが、トラス構造の鉄塔である。落下の危険性があるといわれているのは外装の鋼板など仕上げ部分のみで、2022年の現地調査でも構造体は全く健全である。建設当初の状態で残すことが無理ならば、危険性がある外装部分を取り外すことも一案である。そのようにすると（テレビ塔のように）トラス構造が直接見えることになるが、塔の重量が小さくなり風圧を受ける面積も小さくなるので、地震に対しても台風に対しても安全性が大幅に向上する。

北海道と命名されて100年を記念し、道民の寄付を募り完成したものをわずか50年程で解体するのは忍びない[†]。解体理由には費用の他に北海道百年記念塔というのは先住民族のアイヌに対する考慮がなされていないという意見もあるので、これを機会に適切な名称に変更すればよいと思っている。（2022年10月）

2.17　長さの単位と建築のモデュール

長さなどの単位が同じでなければ貿易の際などに不便である。1791（寛政3）年フランスは1メートル（m）を北極から赤道までの距離（子午線の長さ）の1000万分の1として決議した（よって地球の円周は4万km）。これを基に造られた白金とイリジウムの合金のメートル原器（の1本）を1889（明治22）年に国際度量衡総会は正式な原器として認定した。1960年には、より正確に表すため物理現象（クリプトン86元素が発する橙色の光の真空中の波長）を用いて定義され、1983年からは光が真空中を1秒間に進む距離を299 792 458m（約30万km）として定義されている。

日本では1885（明治18）年にメートル条約に加入したが、実際に用いられていたのは尺であった。1951（昭和26）年に計量法によって「尺貫法」の

[†] 解体反対運動もあったが、残念ながら2023年に解体されてしまった。

2.17 長さの単位と建築のモデュール

使用を法的に禁止したが、メートル法の完全実施は 1966（昭和 41）からである。1960 年からは国際（SI）単位系が（米国、リベリア、ミャンマーを除き）世界的に用いられているが、m の定義には変わりはない。

建築では長さの単位に m, mm（時には cm）が用いられているが、尺貫法の 1 尺（10/33m=303mm）の 3 倍（909mm）や 6 倍（1818mm = 1間）が基本的な単位（モデュール）として用いられることがある。例えば、合板や石膏ボードの大きさは 3×6（さぶろく）といった呼称が用いられることがあり、これは横と縦の長さを尺で表したものである。1 間 ×1 間の面積 3.3m^2 が 1 坪で、現在でも土地の単価を示す際に用いられることがある。部屋の大きさを、例えば 6 畳などと畳（地域によって異なるが 3 尺 ×6 尺が基本で、より小さな団地サイズもある）の枚数に換算して示すこともある。

米国では今でも「ヤードポンド法」を日常的に用い、1 ヤード（0.9144 m）は 3 フィート、1 フィート（304.8 mm）は 12 インチ、1 インチは 25.4 mm である。合板や石膏ボードの大きさは 4×8（フィート）が標準で、フィートと尺はほぼ等しいのでこれは日本の 4×8（しはち、よんぱち）と実質的に同じ大きさである。

北米の枠組壁工法（2×4 工法）の縦枠（間柱）の標準間隔は 16 インチ（40 cm）である。この工法を日本に導入した際、縦枠間隔を 40 cm とすると日本では使い難く、3 尺の 1/2（45cm）になることを想定し、「縦枠間隔は 50 cm 以下とする」と告示で決めた経緯がある。今では縦枠間隔 45 cm が普通で、枠組壁工法が日本に定着している。

コンクリートブロック（CB）造も北米からの導入であるが、CB の大きさ

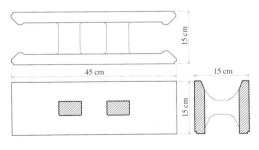

図 2.35　45×15×15cm のコンクリートブロック（CB）

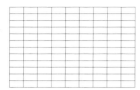
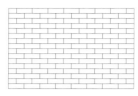

図 2.36 縦横 1:2 の芋目地と 1:3 の破れ目地

は（目地幅 1cm を含み）長さ 40× 高さ 20× 厚さ 15cm（他の厚さもある）が基本で、これは 16×8×6 インチである。縦横に鉄筋が入っている補強 CB 造は地震・津波・台風・火災に対しても強い構造であるが、最近はあまり用いられていない。この原因の 1 つに CB の大きさが日本の基準寸法（モジュール）と一致していないことがある。今からでも、日本のモデュールに一致しやすい 45×15×15cm の CB（図 2.35）を用いるのがよいであろう。この CB は芋目地も破れ目地にも容易に対応でき、個々の CB は少し軽くなり作業性が向上する。また、縦横の比が 1:3 となるので（個人的な好みにもよるが）見た目に安定感がある（図 2.36）。第二次世界大戦後に CB を導入した際に、このようなことを考慮すべきであったと思っている。（2023 年 4 月）

第 3 章

地震・被害について

3.1 次第に普及してきた免震構造の建物

　地震が多発する日本では、建物を設計する際に、地震に対してどのような構造とするかが最大のポイントである。地震が起きても建物が壊れないように強度と粘りを持たせるのが耐震構造で、建物が大きく揺れないようにするのが免震構造である。

　大地震時の地面の揺れは非常に大きく、通常の建物ではその強度を超える地震力が作用する。このため、建物は大地震時に何らかの被害を受けることは許容するが、建物の粘りによって崩壊にはいたらないようにするという考え方で耐震設計が行われている。このため、耐震構造といっても、大地震時には柱・梁などの構造部材に多少の被害が生じ、家具の転倒や壁・天井などの非構造部材にはかなりの被害を受けることは避けられない。

　これに対し、地震時に建物の強度で抵抗するのではなく、建物と地盤の間に振動を吸収するような装置を入れ、地面が揺れても建物はそれ程揺れないようにするのが免震構造である。免震構造では、地震時の揺れが小さくなるため、家具の転倒や非構造部材の被害もほとんど生じない。

　免震構造には古くから色々なアイデアが提案され、実際に用いられたものもある。しかし、単に試験的に用いられたのみではなく、多くの構造物に用いられ、実用段階に入ったのが、積層ゴム支承を用いた免震構造である。

　積層ゴム支承（図 3.1）とは、ゴムと鋼板を交互に何重にも貼り合わせたもので、建物を支えても上下にはほとんど縮まない（図 3.1a）が、水平には大

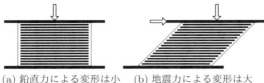

(a) 鉛直力による変形は小　(b) 地震力による変形は大

図 3.1　積層ゴム支承（上から見ると円形のものが多い）

図 3.2　積層ゴム支承を用いた世界初の大規模建物（ニュージーランドの首都ウエリントンにあるウィリアム・クレイトン・ビル）

きく変形する（図 3.1b）ので、地震時に建物はあまり揺れないことになる。積層ゴム支承の他には、ベアリングなどを用いた転がり支承やすべり支承などがある。

　鉛直剛性は高く、水平剛性が低い「積層ゴム」は 1970 年代にフランスで考案された。その後、1970 年代の後半から、フランス、南アフリカ、ニュージーランド（図 3.2）、米国で建物や原子力発電所に用いられた。日本では、1983 年に初めて住宅に用いられた。その後、国内でも免震支承の技術開発が行われ、徐々に免震建物が建設されるようになった。1995 年兵庫県南部地震（阪神・淡路大震災）の際には、免震構造の有効性が実証され、その後は急速に免震建物が増えている。

　図 3.2 は筆者が 1983 年にニュージーランドを訪れたときに撮ったもので、この雑誌（『建築の研究』No.38、1983.8）に「この工法を大きな建物に取り入れた勇敢さに驚かされ、理論を素直に取り入れる国の新鮮さに魅力を感じた。」と書いたことがある。日本の免震はそれよりスタートは遅れたが、その後の普及は著しく 2005 年時点で約 3,000 棟の免震建物があり、その半数が比較的規模の大きな建物、半数が戸建住宅である。最近では免震構造のメリットが一般にも認識され、例えば免震マンションといって宣伝しているくらい

であるから、いずれ新築建物のほとんどが免震となる時代もくるであろう。

地震に対するものではなく、強風時の建物の揺れを小さくする装置もあるので、地震から免れるという意味の「免震」より、もっと広い意味で振動を制御することを表す「制振」という用語も用いられている。装置固有の特性で振動を小さくするのがパッシブ制振、建物の揺れを感知し、それに応じて逆向きの力を加えたりするアクティブ制振、アクティブとパッシブを組み合わせたハイブリッド制振も考案されている。1993年に設立された（社）日本免震構造協会は免震構造の普及活動を行っており、そのホームページ（http://www.jssi.or.jp/）を見ると色々な情報が得られる。（2005年12月）

3.2　インドネシアにおける地震後の復興住宅

インドネシアでは2004年スマトラ沖地震（大津波が発生しインドネシアの死者・行方不明者は約165,700人）、2006年ジャワ島中部地震（主に建物の崩壊によって死者は5,716人）が発生した。

津波によって壊滅的な被害を受けたスマトラ島のバンダアチェ市では、世界各国からの支援もあり、復興事業が進んでいる。海岸近くには、少々の津波には大丈夫な高床式の復興住宅（図3.3）が建設されている。

図3.3　津波を避ける高床式木造住宅（鉄筋コンクリート造の高床式も多い）

ジャワ島中部地震では、被災後に竹の骨組に竹を編んだ壁を取り付けた応急住宅（図3.4）を建設し、現在は（政府からの援助を受け）住民が恒久的な住宅（図3.5）の建設を始めている。ところが、レンガ造の恒久的住宅の方が竹製の仮設的な応急住宅より耐震性が低くなり兼ねないのである。

図 3.4 軸組・壁が竹製の応急住宅

図 3.5 枠組みレンガ造の復興住宅(柱・梁は断面は小さいが鉄筋コンクリート製、壁は無補強のレンガ造)

 なぜならば、慣性力として作用する地震力は建物の重量(質量)に比例するので、重いレンガ造の方が大きな地震力を受け、従来と同じように耐震的な配慮のない住宅を建設すると、次の地震でも同様の被害が生じることになるからである。

 完全な耐震住宅を建設することは、インドネシアのみではなく日本でさえ(経済的な理由で)不可能である。このため、コストを押さえながら、耐震性を効果的に高めるために守るべき最低限の項目を示し、これを技術者のみではなく、行政官にも住民にも知らせ、それが守られるような仕組みの実現を日本の技術協力として行っている。

 この最低限の項目とは、(1) よい材料を使い、(2) 丈夫な部材を造り、(3) 部材と部材をきちんと緊結することの3点で、どれも当然で基本的なことで

あるが、この 3 点が守られるならば、耐震性が格段に向上するに違いない。

　もっとも、「守られるならば」という部分が特に重要で、よい仕組みを提案したからといって、問題解決という訳にはいかない。最低限の項目が、これから長年に渡って継続的に守られる必要がある。このため、今までほとんど実行されていなかった建築確認制度を実効あるものにし、その際に最低限の項目が守られるようにする提案も行っている。

　筆者は、技術協力の一環として被災地を訪れ、この最低限の項目とそれらが守られるような仕組みが、地震被害を受けた地域のみではなく、他の地域にも広がっていくことを期待しながら帰国した。（2007 年 4 月）

3.3　オイラーの公式は不思議 !?

　構造動力学や振動関係の本にすぐに出てくるのが、次のオイラーの公式である。

$$e^{ix} = \cos x + i \sin x \tag{3.1}$$

右辺は、虚数単位 i が付いている点を除くと、通常の三角関数である。しかし、左辺は $e = 2.718\cdots$ の ix 乗と、指数に i が付いていて理解に苦しむ上に、三角関数と関係があるなんて！と困惑した。そして、この式を理解できなければ、構造の専門家になれないのではと心配したことがあった。

　そのような時に『数学のおもしろさ』ソーヤー著、東健一訳（岩波書店）に出会った。その中に、「$i^2 = -1$ という関係を用いると簡単な計算で正しい解が得られるという便利さのため、証明なしに数学者は 16 世紀後半から 200 年ほど虚数単位 i を用いてきた経緯がある」と書いてあった。それで、数学者が 200 年もかかったことをすぐに理解できないのは当然と開き直ったことを思い出した。興味のある方には是非この本を読んで欲しいが、ここではその一部を紹介したい。

　最初に $\cos x$ が次のように表されると仮定する。

$$\begin{aligned}
\cos x =\, & a_0 + a_1\, x + a_2\, x^2 + a_3\, x^3 \\
& + a_4\, x^4 + a_5\, x^5 + a_6\, x^6 + a_7\, x^7 + \cdots
\end{aligned} \tag{3.2}$$

ここで、$a_0, a_1, a_2, \cdots$ を定めるため、上式に $x = 0$ を代入すると、左辺は $\cos 0 = 1$、右辺は x が含まれる項は全て 0 となるので、$a_0 = 1$ とならなければならない。

上式を微分すると次式となる。

$$-\sin x = a_1 + 2a_2\,x + 3a_3\,x^2$$
$$+ 4a_4\,x^3 + 5a_5\,x^4 + 6a_6\,x^5 + 7a_7\,x^6 + \cdots$$

上式に $x = 0$ を代入すると、左辺は $-\sin 0 = 0$、右辺は x が含まれる項は全て 0 となるので、$a_1 = 0$ となる。

更に、上式を微分すると次式となる。

$$-\cos x = 2a_2 + 6a_3\,x + 12a_4\,x^2$$
$$+ 20a_5\,x^3 + 30a_6\,x^4 + 42a_7\,x^5 + \cdots$$

上式に $x = 0$ を代入すると、左辺は $-\cos 0 = -1$、右辺は x が含まれる項は全て 0 となるので、$a_2 = -\frac{1}{2}$ となる。

以上のような計算を繰り返すと、全ての係数が求まり、結局 $\cos x$ は次のように表すことができる。

$$\cos x = 1 - \frac{1}{2}x^2 + \frac{1}{24}x^4 - \frac{1}{720}x^6 + \cdots \tag{3.3}$$

$\sin x$ についても (3.2) 式の右辺と同じように表せると仮定すると、上の $\cos$ と同様な計算によって、次のように表すことができる。

$$\sin x = x - \frac{1}{6}x^3 + \frac{1}{120}x^5 - \frac{1}{7!}x^6 + \cdots \tag{3.4}$$

次に、e^x という関数は x で何回微分しても同じ e^x になる、$\frac{d}{dx}e^x = e^x$ という性質がある。この性質を用い、e^x も (3.2) 式の右辺と同じように表せると仮定すると、上の $\cos$、$\sin$ と同様な計算によって、次のようになる。

$$e^x = 1 + x + \frac{1}{2}x^2 + \frac{1}{6}x^3 + \frac{1}{24}x^4 + \frac{1}{120}x^5 + \frac{1}{720}x^6 + \cdots \tag{3.5}$$

上式において、x を ix に置き換え、$i^2 = -1$ の関係を用いると次式となる。

$$e^{ix} = 1 + i\,x - \frac{1}{2}x^2 - \frac{1}{6}i\,x^3 + \frac{1}{24}x^4$$
$$+ \frac{1}{120}i\,x^5 - \frac{1}{720}x^6 + \cdots \tag{3.6}$$

上式の右辺で i を含む項は (3.4) 式の $\sin$ の各項に i を乗じたもので表され、その他の項は (3.3) 式の $\cos$ の各項で表されるので、結局 (3.1) 式が得られるのである。

以上の計算では、i が虚数単位で $e = 2.718\cdots$ であることを知っておく必要がない。単に、i は 2 乗すると -1 になる記号、e は $\frac{d}{dx}e^x = e^x$ となることを用いているに過ぎない。

(3.1) 式の持っている意味も不思議だが、その証明も以上のように理解できた積もりでも、何かだまされたような不思議な気がする。だから、数学者が納得するのに 200 年も要したのであろう。個人的には、この公式を用いると難しそうな微分方程式の解が比較的容易に得られるということが分かったので、これで十分と思って（それ以上のことはあきらめて）いる。（2007 年 12 月）

3.4 耐震性向上が緊急課題の Non-Engineered Construction

世界の多くの建築物は構造技術者が全く関与せず、伝統的な土着の工法によって造られている。土（泥）を固めたブロックを泥のモルタルで積み重ねるアドベ（adobe）造、現場打ち泥工法とでもいうべきタピアル（tapial）造（図 3.6）、無補強（あるいは、補強が十分でない）れんが造（図 3.7）や石造などがその主なものである。このような工法を英語では non-engineered construction といい、確立された訳語はないので、「工学的な配慮のない工法」と訳しておこう[†]。

図 3.6　現場打ち泥工法・タピアル造の地震被害（1990 年ペルー・リオハ地震）

[†] 最近では「ノンエンジニアド」と片仮名で書くことが多い。

図 3.7 細い鉄筋コンクリート造の柱・梁で囲まれたれんが造の地震被害（2006年インドネシア・ジャワ中部地震）

　大地震が起こるたびに、この種の工法による建物が数多く被害を受け、多くの人命が失われている。このような被害は、途上国ばかりではない。1995年阪神・淡路大震災の死者は 6,400 名を超えたが、8 割以上は木造住宅の倒壊によるもので、倒壊した木造住宅のほとんどは「工学的な配慮のない工法」であった。

　木造の建物は、建築基準法で規定されているように、必要な耐力壁を釣り合いよく配置すること（壁量規定）によって、耐震性が確保される。このような規定が守られているものは、耐震性があり「工学的な配慮のない工法」ではない。しかし、第 2 次世界大戦前には壁量規定はなく、戦後もしばらくは建築基準法が完全には守られていない住宅が多数建設された。このため、古い木造住宅は耐震性が低く、大地震の時に大きな被害を受ける可能性が高い。

　日本でさえ、このような状況であり、まして途上国では、現在でも「工学的な配慮のない工法」によって多数の建物が建設されている。このため、このような建物の耐震性向上は、地震による人的被害を低減させる重大かつ緊急の課題である。しかし、我々の目は大規模なもの、新しいものに向きがちで、この課題に取り組んでいる技術者・研究者は少数である。

　幸い、日本の建築研究所がが中心となって、国内の研究機関とインドネシア、ネパール、パキスタン、トルコの研究機関が、このような工法による住宅の耐震性向上に関する技術普及を目的とした「地震防災に関するネットワーク型共同研究」（2006-2008 年度）を開始し、その一環として 2007 年 12 月に無補強れんが造の振動実験が行われた（図 3.8）。この研究成果を期待してい

図 3.8 崩壊寸前の無補強れんが造（2007 年防災科学技術研究所振動実験）

るが、全てがこの研究によって解決するわけではないので、より多くの技術者・研究者がこの問題の重要性を認識し、課題解決に向けて取り組んでほしいと願っている。（2008 年 2 月）

3.5 2005 年パキスタン地震による被害建物の原因について

2009 年 4 月にパキスタンの首都イスラマバードで行われた国連開発計画、アジア防災センターが実施している「南アジア地域における地震防災対策計画プロジェクト」のワークショップに出席した。その後、車で 3 時間少々離れた 2005 年パキスタン地震の被災地ムザファラバードに行ってきた。被災地の復興は進みつつあるが、図 3.9 のように被害建物がそのまま残っていた所もあった。

一般には建物の地震被害で多く見られるのは 1 階の大破・崩壊である。しかし、この建物では 2 階の方の被害が大きいので、この理由を考えてみよう。

通常、地震によって建物の最上部が一番大きく揺れ、応答加速度が最大となり、建物の各部分に生じる地震力は最上部で最大となる。しかし、各部分に生じた地震力は順次下層へと伝達され、結局は基礎から地盤へと伝達される。この上層から伝達される地震力の和（これを地震層せん断力という）は最下層で最大となるため、一般には 1 階に被害が集中するのである。しかし、各層の地震力が下層に伝達するためには、各層に丈夫な床面（最上層では屋

図 3.9 地震被害を受けた無補強の 2 階建煉瓦造(パキスタン、ムザファラバード)

根面、これらをダイヤフラムという)が必要で、このダイヤフラムがなければ壁に作用する部分的な地震力でその壁が面外に壊れてしまうのである。

図 3.9 の建物の壁は無補強(鉄筋が全く入っていない)煉瓦造で、2 階の壁の上部には(木造の屋根が載っているだけで)ダイヤフラムはなく、X, Y 方向の壁が一体となって地震力に抵抗するように壁の上部に設ける臥梁もない。このため、図 3.10 (a) のように 2 階の壁は下部が床で固定された片持部材となり、壁に一様な地震力 w が作用すると、壁の下部には(水平方向の反力 $P_1 = wh$ と)曲げモーメント $M_1 = (1/2)wh^2$ が生じ、この曲げモーメントによって壁の下部が面外に崩壊してしまったと考えられる。

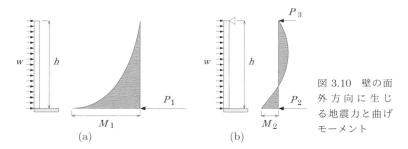

図 3.10 壁の面外方向に生じる地震力と曲げモーメント

もし、壁の上部にダイヤフラム(または臥梁)があるならば、地震力 w が作用しても図 3.10 (b) のように(反力は下部で $P_2 = (5/8)wh$、上部で $P_3 = (3/8)wh$ となり)、壁下部の曲げモーメントは $M_2 = (1/8)wh^2$ と (a) の 1/4 に低減され、面外に崩壊する可能性はかなり低くなる。

よって、ダイヤフラム（または臥梁）がなかったことが、この被害の最大の原因と考えられる。もちろん、ダイヤフラムがあったとしても、壁には鉄筋が全く入っていなかったので、無被害であったとは思われないが、最も弱い壁の面外方向への崩壊を防ぐことができれば、被害はかなり小さくなったはずである。その証拠に、1階の壁の上にはダイヤフラムとしての床があるため、1階の被害は2階より小さい。

この建物の外観は石を積んだように見えるが、外装としての石材の下は無補強の煉瓦造である。外装の石材の代わりに、その費用を鉄筋コンクリート造の臥梁を設けるために用いていれば、少なくとも被害がこれほど大きくはならなかったはずである。そして、簡単な補修・補強によって再び使用することができたであろう。この建物は孤児院の一部で、他の建物も程度の差はあるが同様の被害を受けていた。折角の施設が被災によって地震後4年目に入っているのに、全く使用できない状態にあるとは誠に残念である。（2009年6月）

3.6 2010年ハイチ地震とノンエンジニアド工法

2010年1月12日に発生したマグニチュード7.0のハイチ地震によって首都ポルトープランスは大きな被害を受け、死者は20万人を超えている。ハイチでは1842年の大きな地震以降170年近く被害を起こすような地震が発生していなかった。このため、ハイチでは地震が起こる可能性を全く考慮しないで、建物を造っており、これが被害の最大原因である。

地震によって失われた人命は戻ってこないので、地震後は、瓦礫の下にいる生存者の救出、負傷者への手当、被災者のためのテントや仮設住宅の建設、食料・飲料水の配給などに力を注ぐ他にすべはない。報道もこのようなことが中心となっており、耐震構造を普及させ、人命を守るという基本的なことについて（忘れている訳ではないであろうが）報道が少ないような気がしている。

さて、通常の建物は、設計時に考慮した荷重を超える荷重が作用しても容易に壊れることはない。例えば、定員100名の部屋に200名が入っても壊れることはまずない。（もっとも床の撓みが大きくなることはある。）これは、重力の方向と同じ鉛直方向の力に対して、建物が余裕を持って造られている

からである。しかし、地震力は左右・前後・上下あらゆる方向から作用し、この中で重力の方向とは異なる水平方向の地震力を受けると、建物は（耐震構造でない限り）極めて脆く崩壊してしまうのである。

このようなことは誰でも分かっているであろうが、大地震の発生する確率は、ある地点のみを考えると、非常に小さい。このため、被害地震が度々起こっている日本でさえ、自分の生きている間に、自分の住んでいる場所には大地震は発生しないと（なんとなく）考えている人が多く、ハイチでは地震は全く発生しないと考えていたのである。

ハイチでは耐震基準を導入することになるであろうが、当然ながら耐震基準のみでは耐震性は向上しない。これから数十年以上に亘って、耐震基準を守り続け、多くの建物が耐震的になってようやく、その地域や国全体の耐震性が高まるのである。

ところで、建築基準や耐震基準は大規模な建物に対してのみ適用され、住宅のような小規模なものに対しては（途上国などでは）適用されていないことが多い。しかし、世界の建物の多くは、技術者が全く関与せず、また建築基準とは関係なく、住民が自ら建設している。このような工法は（2008年2月紹介、3.4節参照）ノンエンジニアド (Non-engineered：工学的な配慮のない) 工法と呼ばれ、大地震の度に大被害を受ける多くの建物はこのような工法で造られている。

ハイチの場合も例外ではなく、報道写真などから分かるが、多くの建物が非常に脆い崩壊をしており、崩壊した鉄筋コンクリート造建物には鉄筋が十分入っていないように見える。更に、鉄筋が入っていても、鉄筋の継手、（柱と梁のような）部材間の接合部で力が伝達されなければ建物全体としては耐震的にはならない。

地震被害を軽減させるためには、大規模な建物のみではなくノンエンジニアド建物の耐震性を高めることが必須であるが、このような工法に目を向ける研究者・技術者はまだまだ少ない。国際地震工学会 (International Association for Earthquake Engineering: IAEE) では 1986 年にこの工法の耐震性を高めるガイドライン "Guidelines for Earthquake Resistant Non-Engineered Construction" の改定版を出版した（図 3.11）。現在、このガイドラインの改定を行っているので、興味のある方は筆者 (to-yuji@nifty.com) まで連絡して欲しい。（2010 年 4 月）

3.6 2010年ハイチ地震とノンエンジニアド工法

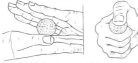

図 3.11 IAEE ガイドラインのアドベ造の1頁

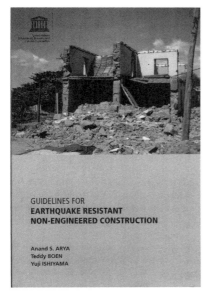

図 3.12 UNESCO から出版されたガイドライン

注）このガイドラインは改定され、2014 年に UNESCO から出版されている（図 3.12 参照）。

3.7 免震建物のクリアランス日米比較

2010 年 4 月 20〜22 日にハワイ島で第 13 回日米構造設計協議会が開催された。以前（2003 年 8 月[†]）に紹介したが、この会議は構造設計の実務者が中心となって 1984 年から 2 年毎に開催されている。構造設計に関する日米の共通点・相違点・問題点などについての発表や討論が特に興味深い。

さて、今回の発表の中に免震建物の日米における共通点や相違点の話があったが、その中で免震建物の周囲に設ける空間（米国では moat clearance モートクリアランス：濠の幅）の日米比較が行われた。免震建物は地震時に地面と異なる動きをするので、図 3.13 に示すように建物と周囲の地盤の間にクリアランス d を設ける必要がある。

このクリアランスは日本では 0.5 (m) とする建物が多いが、米国では 1.0 (m) とする場合が多い。クリアランスの幅は地震動の大きさによって当然異なるが、日米でほぼ同程度の地震動を想定している。それなのに、なぜ 2 倍もの差が生じているかについて討論された。しかし、結論を得ることができなかったので、私なりに考えてみた。

大地震動（極稀地震）による建物の速度応答 v は、第 1 種（硬質）地盤で

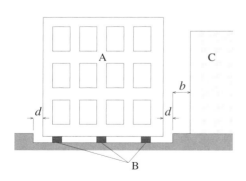

図 3.13 免震建物のクリアランス（A：免震建物、B：免震支承、C：隣接建物、b：通行のための幅、d：クリアランス）

[†] 石山祐二「ちょっと真面目・チョット皮肉」3.30 節、三和書籍、2005 年 3 月

3.7 免震建物のクリアランス日米比較

$1.0\,(\mathrm{m/s})$、第 2 種（中程度）で $1.5\,(\mathrm{m/s})$、第 3 種（軟質）で $2.0\,(\mathrm{m/s})$ 位で、免震建物も同じ応答速度になるとする。免震建物の固有周期 T を（通常採用されている）$2\sim4\,(\mathrm{s})$ とすると、その際の変位応答 d は（速度 v を固有円振動数 $\omega=2\pi/T$ で除して）最小 $0.32\sim$ 最大 $1.27\,(\mathrm{m})$ となる。地震時に建物が周囲の地盤と衝突しないように、クリアランスの幅はこの変位応答以上とする必要がある。（なお、このクリアランスに人が入り込まないようにスライド式の床を設けたり、植栽を行ったりしている。）

最大と最小で 4 倍もの差となるのは、地盤の差で 2 倍、固有周期の差で 2 倍となるからであるが、日本の $0.5\,(\mathrm{m})$、米国の $1.0\,(\mathrm{m})$ はこの範囲内にある。地盤と固有周期について（平均することはあまり意味がないかも知れないが）、平均を取って $v=1.5(\mathrm{m})$、$T=3.0(\mathrm{s})$ とすると変位応答 d は $0.72\,(\mathrm{m})$ となり、ちょうど日米の中間の値になる。

よって、日本の免震建物のクリアランスは、比較的良好な硬質地盤で固有周期は $3\,(\mathrm{s})$ 程度、あるいは中程度の地盤で固有周期 $2\,(\mathrm{s})$ 程度を想定していることになる。米国の場合は、中程度の地盤で固有周期 $4\,(\mathrm{s})$ 程度を想定していることになる。

会議の中で「国土面積を考えると日本より米国の方が大きいので、これが米国で免震建物の周囲に大きなクリアランスを設けている理由である」という冗談まじりの発言もあった。しかし、次のようなことを考えると、日米の国土面積の影響を（冗談ではなく）考えるべきかも知れないと思っている。

すなわち、日本の民法では隣地境界線から $0.5\,(\mathrm{m})$ 以上離して建物を建てなければならないが、この値が免震建物のクリアランスにも影響している可能性がある。また、地震時に隣の建物との間に通行している人が挟まれる危険性を防ぐため、日本ではクリアランスに加えて（建物の周囲を通行に用いる場合は）通行のための幅 b として $0.8\,(\mathrm{m})$ 以上離すことになっているが、米国では（規制するまでもなく隣接建物とは十分に離れているためか）このような規定はない。

免震建物のクリアランスの幅は、想定している地震動・地盤・固有周期（その他に国土面積？）などにも影響されるので、日米どちらがより適切かの結論は安易に導くことはできないであろう。私自身としては、日米で 2 倍の差がある免震建物のクリアランスが今後どのようになるのか、興味を持って見守っていきたい。（2010 年 6 月）

3.8 地震発生メカニズムの新しい学説

角田史雄著『地震の癖』（図 3.14、講談社＋α新書、2009 年 8 月発行）には、地震発生メカニズムの新しい考え方が分かり易く説明されている。地球内部の外核から地表に向かってマグマがキノコ状に上昇する（これをスーパープリューム[†]と呼んでいる）ことによる「熱移送」によって地震が起こるという説である。

この説によると、大地震がプレート境界の他に内陸にも発生し、地震発生の順序も説明でき、地震予知につながるとしている。例えば、2004 年スマトラ沖地震後に 2008 年中国四川地震が発生したことや日本付近の地震発生過程についても説明されている。また、火山活動と地震活動の連動（VE 過程）に関する記述も興味深い。

さて、地震発生のメカニズムを説明する現在主流の学説は「プレートテク

図 3.14 角田史雄著『地震の癖』

[†] plume とは羽毛や（一筋の湯気、煙、雪煙、水中爆発による水柱など）羽毛状の物を意味し、熱いマグマが地球内部から噴き出し、地表に近くなるとキノコの傘のように広がっていく様子から super plume と呼ばれる。

3.8 地震発生メカニズムの新しい学説

トニクス」と呼ばれている。それによると、地球の表面は十数枚のプレートによって覆われている。プレートには海嶺からは新しく生成されるプレートが加わり、マントル対流によって移動し、プレートとプレートの衝突・沈み込みによって地震が発生するという説である。このプレートテクトニクスは1960年代初めに米国で提唱され、1970年頃からは世界的に受け入れられている。

　私が学生だった頃は、地震の発生原因が分からず、地球内部でとてつもなく大きなエネルギーが一気に解放されるのが地震であるとしか分からなかった。このため、プレートテクトニクスを知った時は、私自身興奮し、その説について納得し、同時に大陸移動説のことを思い出した。

　約3億年前に地球には一つの超大陸「パンゲア」があり、それが分かれて現在の陸地となっているという大陸移動説をウェーゲナーは1910年頃に提唱した。しかし、大陸を移動させる原因を問われた時に、彼は潮の満ち引き、すなわち地球と月の引力と答えてしまった。その後、引力によって大陸を動かすことは不可能であるということが証明されたこともあり、大陸移動説は葬られてしまった。（この他にウェーゲナーが当時の学会の主流に入っていなかったことも、彼の説が受け入れられなかった原因である。）

　大陸移動説の半世紀後にプレートテクトニクスが生まれ、大陸移動説が（全てではないにしても部分的には）正しかったことになる。更に半世紀が経過し、スーパープリュームによる「熱移送説」が提唱されている。この説はプレートテクトニクスと必ずしも矛盾するものではなく、プレートテクトニクスの欠点を補い、その考え方を更に発展させる説とも考えられるので、一般的に受け入れられると思っている。

　しかし、著者は地質学者で地質学会では熱移動説を発表しているが、地震学会では発表していないようで、これからどのように地震に関する学会や研究者に受け入れられるのであろう。大陸移動説のように消えていく説なのか、あるいはプレートテクトニクスのように広く受け入れられる説なのか、ここ数年間で分かるのではないかと思い、興味津々である。（2010年8月）

3.9 津波対策にも New Elm 工法！

2.2 節（37 頁）で既存の建物を持ち上げ、その下に新たに階を増築する New Elm（ニューエルム：新増築）工法について紹介した（図 3.15）。増築部を車庫に用いると路上駐車が減り、ファミリールームとすると冬期の屋外活動が難しい寒冷積雪地では特に利用価値がある。さらに、増築階と既存部分の間に免震装置を設けると、（木造部分を補強しなくとも）耐震性が高くなる工法である。

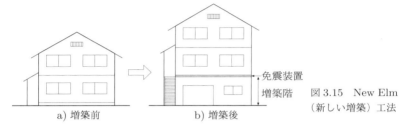

図 3.15　New Elm（新しい増築）工法

さて、で東北工業大学客員教授の田中礼治氏は「東日本大震災報告」の中で、津波対策として 1 階を鉄筋コンクリート造としその上に木造を載せる工法を提案している[†]。そして、1 階部分を（駐車場などに用いる）オープンな空間となるピロティとすることで、津波が通り抜けるようにすることを推奨し、このような建物が津波被害を免れた例も紹介している。

このような建物は外国にもあり、例えば 2004 年インドネシア・スマトラ島沖地震の際に大津波を受けた被災地の復興住宅としても採用されている（図 3.16）。津波が通り抜けるためにはオープンな空間の方がよいが、発生頻度の低い津波のために、その空間を利用しないのはもったいない。実際、インドネシアの復興住宅の中には 1 階部分に外壁を設けているものも多く見られた。

そこで、津波に対しては次善の策かも知れないが、1 階を鉄筋コンクリート造（もちろん、鉄骨鉄筋コンクリート造、鉄骨造、補強組積造などでもよい）とし、その部分を車庫や居住空間として積極的に活用することを推奨し

[†]「建築の研究」2011 年 10、12 月

3.9 津波対策にも New Elm 工法！

図 3.16 津波対策の復興住宅（インドネシア）

図 3.17 積雪対策の住宅（新潟県）（1 階鉄筋コンクリート造、2・3 階木造）

たい。1 階が鉄筋コンクリート造であれば（浸水深さ数メートル程度の）津波には耐えられるであろう。雪国では 1 階部分が雪に埋もれてしまっても、2 階の玄関から出入りができるような住宅が最近では多い（図 3.17）。軟弱地盤でも、1 階の鉄筋コンクリート造の床スラブ全体を基礎とすることによって、地盤の沈下や不同沈下を少なくする効果もある。さらに、2 階以上を容易に免震構造とすることもできる。

以上のように、メリットの多い工法を推進させるため、（技術的なことはほぼ解決されているので）法制面から次のような後押しを期待し、この工法が広まることを願っている。（2012 年 2 月）

1) 1 階部分（その一部でも）を容積率の算定から除外する。
2) 建蔽率を緩和する（少なくとも屋外階段程度は算定外とする）。

3) （周囲の環境を悪化させない範囲で）高さ制限を緩和する。
4) 1階部分を（その一部でも）固定資産税から免除する。
5) 1,2階の間に免震装置を入れるように免震告示を改定する。（現行では基礎と1階の間に免震装置を入れることを想定している。）

3.10　津波に対する構造方法等を定めた国交省告示

「津波防災地域づくりに関する法律施行規則」（平23国交省令第99号）の規定に基づき告示「津波浸水想定を設定する際に想定した津波に対して安全な構造方法等を定める件」（平23国交省告示第1318号）が2011年12月に公布・施行されたので、その概要を紹介する。

津波避難ビルなどは、津波による波圧によって生ずる力を T として、次式による力が材料強度による耐力を超えないことを確かめる。

$$G + P + T \qquad (一般と多雪区域) \tag{3.7}$$
$$G + P + 0.35 S + T \qquad (多雪区域) \tag{3.8}$$

ここで、G は固定荷重、P は積載荷重、S は雪荷重によって生ずる力である。

T を求める際に用いる、津波による波圧 q_z（kN/m²）は次式によって計算する（図3.18）。

$$q_z = p\,g\,(a\,h - z) \tag{3.9}$$

ここで、p：水の単位体積質量（t/m³）、g：重力加速度（m/s²）、h：津波の

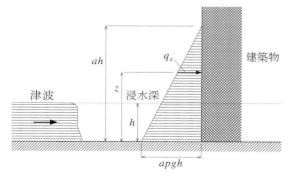

図 3.18　津波による波圧 q_z

3.10 津波に対する構造方法等を定めた国交省告示

浸水深(m)、z：建築物の各部分の高さ(m)、a：水深係数である。

上式は、津波によって建築物が受ける力を、津波の深さを a 倍した静水圧と見なすことを意味している。

津波がゆっくりと押し寄せてくるならば a は1でよい。しかし、津波の速さは陸上で秒速10mを超える場合もあり、津波の衝突による力や衝突の際に津波が浸水深より高い位置まで達する影響を考慮し a を3としている。ただし、他の施設による波圧の軽減が見込まれる場合で、海岸および河川から500m以上離れているものについては1.5、これ以外のものについては2とすることができる。

また、ピロティのような開放部分には波圧は作用しないものとすることができる。津波によって生ずる波力は、津波作用幅から開口部の幅を除いて、あるいは作用面積から開口部の面積を減じて（いずれも、開口部を無視した場合の値の0.7倍を下回らない範囲で）計算することができる。

その他、転倒・滑動・洗掘の検討、漂流物の衝突によって容易に倒壊・崩壊しないことの確認を行う必要がある。

このような告示ができたのは、東日本大震災の際に、津波により多くの建築物が壊滅し、鉄筋コンクリート造の建築物が転倒したり（図3.19）、構造体は残っても外壁やその他の仕上げ材が全く残っていない建築物（図3.20）も少なからずあったからである。

さて、4.7節（121頁）で「・・・基礎と杭の接合は、過剰であるばかりでなく、不要であり、場合によっては危険側に作用することもあると考えられ

図3.19 津波によるビルの転倒（宮城県女川町）

図3.20 津波による仕上げ材の被害（宮城県南三陸町）

る。・・・」と書いてあるが、図3.19のような被害を防ぐためためには基礎と杭の接合は効果的である。（2012年6月）

3.11　国際地震工学研修50周年

建築研究所の国際地震工学センターで行われている地震工学研修が50周年を迎え、国際記念シンポジウム「命を守る地震津波防災の実現に向けて」が2012年6月に開催され（図3.21）、その中ではパネルディスカッションも行われた（図3.22）。ここで、国際地震工学研修の50年を簡単に振り返ってみたい。

1960年に第2回世界地震工学会議（WCEE: World Conference on Earthquake Engineering、世界各地で4年毎に開催）が東京・京都で開催され、そ

図3.21 国際記念シンポジウム「命を守る地震津波防災の実現に向けて」

3.11 国際地震工学研修 50 周年

図 3.22 パネルディスカッション

の際に途上国の若手研究者・技術者に対する地震工学研修の必要性が提唱された。これを受けて、同年に地震工学研修が東京大学で行われた。この研修は国際的な反響を呼び、ユネスコと日本政府の共同事業として継続的に行うことになり、1961 年には研修の前半が早稲田大学で行われ、後半は 1962 年に建設省建築研究所に設けられた国際地震工学部に引き継がれ、それから 50 周年となった次第である。

建築研究所は Building Research Institute (BRI)、国際地震工学部は International Institute of Seismology and Earthquake Engineering (IISEE) なので、英語では Institute の中の Institute となっている。建設省建築研究所は独立行政法人建築研究所、国際地震工学部は国際地震工学センターとなり、日本語の名称は変わったが英語の表現は当初のままである。

1 年間の研修は、当初からの地震学コースと地震工学コースに、2006 年からは津波コースが加わり、毎年 20 数名の海外研修生が 1 年間勉学に励んでいる（この他にいくつかの短期コースもある）。

研修は大学院修士課程と同等以上で、研修生から修士号の要望はあったが、IISEE は大学ではないため、要望に長年応えられなかった。2005 年からは政策研究大学院大学 (National Graduate Institute for Policy Studies: GRIPS) と連携し、研修生には修士 (Master) の称号が授与されている。修士号授与の実現は名実共にこの研修が評価されたことにもなり、研修生の一層の励みになっている。もちろん、試験に合格しない場合や修士論文が受理されない場合には、修士号は授与されない。このため、研修生自身の勉学も

大変であるが、論文を指導するスタッフや指導を依頼された外部の先生達の苦労も大きいようである。幸い、今までのところ、最後まで研修を終了した全員に修士号が与えられている。

この50年間に、97カ国などから1539名がIISEEの研修を受けている。その中から、50周年を契機に地震災害の軽減に貢献してきた60歳以上の元研修生11名に名誉科学者、名誉技術者の称号が贈られた。このような制度も研修生の大きな励みになると思っている。

個人的なことで恐縮であるが、私自身スタッフとしてIISEEに在籍したことがあり、その当時に20周年記念を行ったことを思い出している。当時も、修士号授与の可能性、教科書（レクチャーノート）の充実、名誉研究員制度などを検討したことがあった。現在では、IISEEのホームページも充実し、レクチャーノートも無料（一部登録制）でダウンロードできるようになり、30年前の課題がかなり解決されている。今後も更に研修が充実され、世界中の地震津波災害の軽減に寄与できるIISEEになって欲しいと期待している。
（2012年8月）

3.12 ペルー国立工科大学・地震防災センター創立25周年

日本の技術協力によって設立されたペルーの首都リマにある国立工科大学の地震防災センター（CISMID：シスミッド）の創立25周年記念国際シンポジウムが2012年8月に当地で行われ、それに出席してきた。

地震防災分野における日本とペルーとの協力は、1970年ペルー地震の直後に日本から調査団が訪れたのが発端といわれている。実は、それより前、1962年から日本の建築研究所で行われている国際地震工学研修の第1回にペルーから参加したフーリオ・クロイワ先生の熱意がCISMID創立の原動力で、彼自身CISMIDの初代所長である。

私のCISMIDとの関わりは、1989～1991年の2年間ほど日本人専門家6名のチームリーダーとしてリマに滞在したのが始まりである。当時は、停電・断水に悩まされ、治安も悪かった。私が帰国した直後に日本人の農業専門家3名ががテロによって殺害され、ペルーに滞在していた専門家全員が日本に

3.12 ペルー国立工科大学・地震防災センター創立25周年

図 3.23 記念シンポジウム の発表論文の CD

図 3.24 記念シンポジウムで挨拶するサバラ所長

帰国したことは今でも忘れることができない。

しかし、今回リマで感じたことは、多くの街灯が点灯していて夜も明るく、道もきれいに清掃され、車も大部分が新車となり、経済的に良くなっている様子である。停電・断水の心配もなく、大型ショッピングセンターも新設され、商品も山積みで、20年前とは、全ての面で良い方向に変わっていた。治安上の問題も少なく、生活し易く、商社マンの間では人気の高い海外赴任地となり、クスコやマチュピチュ、ナスカの地上絵などの観光客も多く、昨年・今年の経済成長率は 7% とのことである。

記念シンポジウムの発表論文は図 3.23 の CD に納められている。図 3.24 は開会挨拶をしているサバラ所長である。彼の演壇の前に置いてある正三角形の CISMID という文字を斜めにあしらったロゴマークに注目して欲しい。左上の（赤い）部分は火災、M から連なるギザギザの線は地震動を表し、右下の（青い）部分は海でその中の 2 本の波線は津波を表している。

CISMID の正式なスペイン語の名称は "Centro Peruano-Japones de Investigationes Sísmicas y Mitigacion de Desastres"、英語では "Japan-Peru Centre for Earthquake Engineering and Disaster Mitigation"、日本語では「日本ペルー地震防災センター」である。いずれも日本との関わりを直接表現している。

さて、CISMID のロゴマークをあらためて見ると、日本の 3 大震災をその順序で表していることに気が付いた。1923 年関東大震災の死者 105,000 のほとんどは火災、1995 年阪神・淡路大震災の死者 6,400 のほとんどは地震動による木造家屋の倒壊、2011 年東日本大震災の死者・行方不明 19,000 のほとんどは津波が原因である。このロゴマークは三つの自然災害（日本で起きた大震災の順序までも一致している）を表し、創立当時の都市防災室長のホセ・サトー氏の作品である。祝賀記念ディナーでは彼の他に多くの友人・知人に会うことができ感慨深かった。

自然災害を防ぐことは不可能であっても、それによる被害を少なくすることは可能である。20 世紀後半から世界的に地震活動が活発になっているように感じているが、CISMID がペルーのみならず、中南米そして世界の地震被害を含む自然災害の低減に寄与する拠点となることを期待しながら帰国した。（2012 年 10 月）

3.13　2018 年北海道胆振東部地震とその被害

2018 年 9 月 6 日未明に発生した北海道胆振東部地震（マグニチュード 6.7）は北海道で初めて震度 7 を厚真町で記録した。被害は表 3.1 に示す通りで、主な被害と原因は次のようになる。

（土砂崩れ）

死者のほとんどは地震動が引き起こした土砂崩れによって建物が押し潰されたことによる。その例が図 3.25 で、手前の水田と上方の林の間、高さ数十

3.13 2018年北海道胆振東部地震とその被害

表 3.1　北海道胆振東部地震の主な被害

死者		41 人
負傷者		750 人
建物*被害	全壊	1,592 棟
	半壊	2,804 棟
	一部損壊	約 14,817 棟

*住家・非住家を含む、2018.12.6 現在

m・長さ数百 m に渡って土砂が崩れた。このような土砂崩れは数百箇所も発生し、その総面積 13.4 平方キロメートルは明治以降の日本で最大である。

　土砂崩れを起こした斜面を見ると、表面は黒土で樹木も生い茂っているが、その下は約 4 万年前に支笏湖をつくった大噴火や約 9 千年前の恵庭岳・樽前山の噴火による火山灰などで構成されている。その部分は地震前日に通過した台風の影響もあり水分を大量に含み、崩れやすくなっていたと推察されている。住宅が危険な場所に建設されていたのは、広い北海道でも平坦地をできる限り田畑に用いようとしたためである。

図 3.25　多数発生した斜面崩壊（厚真町）

（大規模停電）

　北海道では主力の苫東厚真火力発電所が地震によって緊急停止し、それが引き金となって他の発電所も連鎖的に停止し、北海道全域が停電となった。報道では、想定外の事象であったような印象を与える「ブラックアウト」といっている。しかし、周辺のほとんどの建物には大した被害がなかったのに、発電所で被害が生じたのは、その設計に問題があったと思われる。

停電は翌日に回復した地域もあったが、1週間以上要した地域もあった。この間、空港の閉鎖、JRの不通、交通信号の停止、エレベータの停止、固定電話の不通など道民と道内の旅行者は大きな被害と不便を実感した。さらに、冷凍庫や冷蔵庫内の食品の廃棄、搾乳できずに乳房炎で多数の乳牛が死亡したことなど停電による被害は多岐にわたった。断水は、停電が原因の場合は電力とともに回復したが、水道管破損の場合は回復に数週間を要した。

図3.26 地盤の液状化によって傾斜した住宅（札幌市清田区）

（地盤の液状化）

地盤の液状化によって、例えば図3.26のように多数の住宅が大きく傾斜するなどの被害を受けた。そのような宅地は川を埋め立てた所にあり、宅地造成に問題があったに違いない。しかし、造成は40年以上も前で、当時の関係者に損害を求めるのは難しいであろう。このため、個人財産である住宅の修復工事は個人負担が原則であるが、一部を公費から特別に補助すると報道されている。もっとも、その工事は早くとも春以降である。

札幌は自然災害の少ない場所であると思っている人は多いようであるが、大きな自然災害の再現期間は数百年〜数千年以上である。2018年は北海道命名150年であったが、この間の短い経験から自然災害に対して何となく「安全」と思うのは明らかな誤りである。（2019年1月）

3.14 日本・ペルー地震防災センターの国際シンポジウム

2019年8月21～23日にペルー国立工科大学の日本・ペルー地震防災センター（スペイン語の頭文字からCISMID：シスミッドと略称）設立33周年とその一部門である構造実験室（図3.27）の設立30周年を記念して国際シンポジウム「復興力のある都市を目指す建築物の工学的な改善策」が行われた。参加者は日本、ペルーの他にチリ、メキシコ、エルサルバドル、ドイツ、ユネスコからであった。CISMIDに関することは、以前にも紹介した（3.12節参照）が再度説明したい。

1970年5月31日に発生したペルー地震（M=7.7）では約7万人が犠牲となった。原因は建物などの崩壊の他に、南米第2の高峰ワスカラン（6,768m）の頂上付近で氷河と岩石が崩落し、人口約2万のユンガイ市を一瞬にして厚さ10m以上の岩石・土砂で埋め尽くし、市民のほぼ全員が亡くなった。この地震を忘れないようにCISMIDの本館、構造実験棟、土質実験棟、講堂で囲まれている広場は「5月31日広場」と呼ばれており、その中央にはペルー地震で落下してきた岩が置かれてある（図3.27）。

1970年の地震を教訓に、再びこのような惨事を繰り返さないようにするため、日本の技術協力でCISMIDが設立された。この実現には、多くの関係者

図3.27 ペルー地震で落下した岩と構造実験棟

の熱意と努力があったからで、特に初代所長のフーリオ・クロイワ先生を忘れるこはできない。日系 2 世の先生は、今でも筑波で行われている国際地震工学研修が建築研究所で行うようになった第 1 回（1961〜62 年）の研修生である。そのことに対して先生はいつも感謝しており、我々と会った際には常にそのことを話し、（私自身は何もしなかったのに）何度もご馳走になったことがある。先生は、楽しみにしていたであろう記念の国際シンポジウムを目前に 2019 年 7 月に亡くなり、さぞ残念であったであろう。

図 3.28　フーリオ・クロイワ・ホリウチ先生のお墓

　国際シンポジウムの前日に、リマ郊外の山腹にある "Jardines de la Paz"「ハルディネス・デ・ラ・パス、平和の庭園」という墓地を訪れ花を手向けてきた（図 3.28）。墓石はまだ仮のコンクリート製であったが、フーリオ・クロイワ・ホリウチ（1936.4.22〜2019.7.9、ホリウチは母方の苗字）、その上には 2015 年に亡くなった奥様のグロリアさんの名前が書いてあった。そして、図 3.27 の写真に写っている岩をクレーン車で吊り上げ、クロイワ先生が自ら指示し、水槽の中央にある台に設置した 30 年前のことを思い出しながら、先生を偲んだ。

　CISMID 設立当初は日本の専門家数名が派遣されていて、私自身 1989〜91 年に長期専門家として滞在した。当時は治安も悪く、停電や断水は日常茶飯事で、さらに年間インフレは 3,000％ もあり、滞在した 2 年 3 ヶ月で物価が約 1,000 倍となったことを思い出す。さらに、私の帰国直後の 1991 年 7 月にテロ事件が起こり、日本から派遣されていた農業専門家 3 名が犠牲となり、日本の専門家全員が帰国することになった。その後、フジモリ政権の下

で治安がよくなり、最近は物価も安定している。今回は 1 週間に満たない短い滞在であったが、安心してホテル近郊を歩いたり買い物もでき、この 30 年間の変化を実感してきた。

これからも色々な活動が CISMID で活発に行われ、30 年以上前に日本の援助で設立された CISMID が国際協力活動の模範になって欲しいと思って帰国した次第である。（2019 年 10 月）

3.15　構造物のロバスト性

建築物を含む構造物には種々の荷重が作用し、それによって支障が生じたり、場合によっては崩壊することもある。ここでは構造物が持つべき性能について考えてみよう。

建築基準法施行令第 88 条では、建築物に作用する荷重および外力として次のものを採用している。

1 号　固定荷重	これらの他、実況に応じ	
2 号　積載荷重	て土圧、水圧、震動、衝	
3 号　積雪荷重	撃による外力を採用す	
4 号　風圧力	る（この具体的な規定は	
5 号　地震力	定められていない）。	

このような構造物に加わる力などを一般に「荷重」（load）と呼ぶが、温度や環境の変化・地盤の変動なども構造物に影響を及ぼすので、ISO（国際標準規格）やユーロコード（ヨーロッパの統一構造基準）では荷重より広い意味の「作用」（action）という用語を用いている。作用は（他にもあるが）次のように分類される。

1) 永続作用（ばらつきの小さな継続的作用）
2) 変動作用（大きさが時間的に変動する作用）
3) 偶発作用（発生確率は小さいが影響が大きな作用）

固定荷重は典型的な永続作用である。積載荷重・積雪荷重・風圧力・地震力などは変動作用である。偶発作用として航空機の衝突、ミサイル攻撃なども考えられる。また、雪が降らない地域では積雪荷重、台風や地震のない地域では風圧力・地震力を偶発作用と考えることもあるので、その分類は一律

ではない。

上述の作用に対して建築物は単に破壊しないのみではなく、次のような性能が必要である。

　i）使用性（通常の使用状態で支障が生じない）
　ii）安全性（地震や台風に遭遇しても大きな支障が生じない）
　iii）ロバスト性（予期しない状況に遭遇しても容易に崩壊しない）

使用性、安全性は分かるであろうが、「ロバスト性」（robustness）とは JIS A 3305「建築・土木構造物の信頼性に関する設計の一般原則」では「有害かつ予見できない事象（火災、爆発、衝撃など）又は人的過誤の結果に対し、元の原因から不釣合いな程度に被害を受けることなく耐えることができる構造物の能力」と定義されている。

ロバスト性が注目されるようになったのは「9.11 テロ事件」以降である。2001 年 9 月 11 日にテロリストが乗っ取ったジェット旅客機がニューヨークの世界貿易センター（WTC）ビルに衝突、火災が発生したこともあり、多くの人が避難中にビルが崩壊してしまった。これはロバスト性に欠けていたということになろう。

構造設計では、種々の作用に対して（日本の長期・短期のように）次の限界状態（それを超えると構造物が要求性能を満足できなくなる限界）を想定するのが一般的である。

　a）使用限界状態（通常の作用のみならず稀な作用に対して）
　b）終局限界状態（極めて稀な作用に対して）

これらの限界状態をめったに超過することがない（確率が許容値以下になる）ようにする設計法を「限界状態設計法」という。しかし、通常は偶発作用に対する具体的な規定はない。

偶発作用には、破壊を目的とした意図的な作用もある。2022 年ロシアの攻撃を受けたウクライナの高層住宅が（ミサイルが当たった周辺部分を除いて）残っている映像を見ると、構造体のロバスト性はあったのであろう。もっとも、爆風によって飛散したガラスや壁などをみると、構造体以外にもロバスト性があれば死傷者を少しは低減できたのではと思っている。

すべての偶発作用に対して、前もって構造設計を行うことは不可能で、構造物が本来持っている（であろう）ロバスト性に期待していることになる。

「耐久性」・「耐火性」も重要で、何が起こるか分からない中、これらの面も含めた構造性能を高めなければと考えている。（2022 年 7 月）

3.16　関東大震災 100 年「大地震とその後の対策」

　耐震規定の歴史は表 3.2 から分かるように被害地震後の対策の歴史である。日本最初の耐震規定は 1923 年関東大震災の翌 1924 年に当時の建築基準である市街地建築物法（1919 年制定）の改正による水平震度 $k = 0.1$（以上）の導入である。この値は第 2 次世界大戦後の建築基準法導入の際に $k = 0.2$ となったが、これは建築材料の許容応力度を長期と短期に区別し、地震に対する許容応力度が 2 倍となったためで、耐震性を高めるような変更ではなかった。

　設計用地震動を見直したのが 1981 年導入の新耐震（設計法）である。それまで考えていた地震動を中地震動（標準せん断力係数 $C_0 = 0.2$）とし、その 5 倍の地震動を大地震動（$C_0 = 1.0$）としたのである。もっとも、大地震動に対しては構造物が損傷することを容認し、構造的な粘り（靱性）に期待する（構造特性係数 D_s の導入）という設計である。その後に若干の改正はあったが、新耐震の考え方は今でもほぼ妥当と考えられている。

　さて、関東大震災から 100 年後の 2023 年トルコ・シリア地震が発生し、比較的新しい高層アパートも多数崩壊し、死者 5 万人以上という大震災となった。トルコでは度々大地震が発生し、立派な耐震規定（日本と同程度）があるのに何故このような大被害となったのであろう。

　建物の柱が崩壊し、床が重なったようになる被害をパンケーキ・クラッシュ（パンケーキとはホットケーキ、クラッシュは崩壊）というが、被害映像を見ると床も粉々になっており、粉々崩壊というべきであろう。このような崩壊は低強度のコンクリート、不十分な補強鉄筋、脆弱な接合部などが重なって生じたに違いない。この原因は（日本では考えられないが）建築基準を守らなくとも罰金を払えば（合法的に）建築できるということにあるようである。

　デベロッパー（不動産開発者）は耐震規定を守らずにマンションを建設し、売り払ってしまうのである。これを実証するように、デベロッパーが全財産を現金化し国外に逃亡しようとしたが、空港で捕らえられたとのニュースがあった。

　規定は守らなければ「絵に描いた餅」である。よい耐震規定を作り、何十

第3章　地震・被害について

表 3.2　大地震とその後の対策など

年（年号）	地震と*対策など
（明治）	
1880（明 13）	横浜地震（$M5.5 \sim 6.0$）
	*日本地震学会設立
1891（明 24）	濃尾地震（$M8.0$）
1892（明 25）	*震災予防調査会設立
（大正）	
1923（大 12）	関東地震（$M7.9$）
	＝「関東大震災」
1924（大 13）	*水平震度導入（$k \geqq 0.1$）
（昭和）	
1950（昭 25）	*水平震度改正（$k \geqq 0.2$）
1964（昭 39）	新潟地震（$M7.5$）
1968（昭 43）	十勝沖地震（$M7.9$）
1971（昭 46）	*RC 造柱の帯筋強化
1978（昭 53）	宮城県沖地震（$M7.4$）
1981（昭 56）	*新耐震設計法導入
（平成）	
1995（平 7）	兵庫県南部地震（$M7.3$）
	＝「阪神・淡路大震災」
	*耐震改修促進法
	*形状係数（F_{es}）改正
2011（平 23）	東北地方太平洋沖地震（$M9.0$）
	＝「東日本大震災」
	*耐津波計算告示
2013（平 25）	*特定天井告示
（令和）	

年も守り続け、そして大地震が起こった際に、ようやくその有効性が分かる。結局、国・地域全体で耐震規定を長年守り続けなければ同じ事が繰り返されるだけである。

　最後に個人的なことであるが、私の父は関東大震災を（当時有楽町にあった）都庁で経験し、その夜は雨露をしのぐため（線路が曲がっていて動くことができない）電車の下で過ごした。その父に再度大震災が起こったらどうするかを聞いたことがある。答えは「何も持たずに逃げる」ということであっ

た。突然の地震発生による建物や構造物の崩壊・火災・津波などを考えると、地震発生時に個人でできることは極めて少ない。海外からの研修生に耐震などについて話す機会がある際には、このようなことも伝えている。（2023 年 7 月）

3.17　トルコ共和国建国 100 年と地震被害

　2023 年 9 月に UNESCO（ユネスコ）－ IPRED（アイプレッド）会議がトルコのイスタンブール工科大学で開催された。IPRED とは 2007 年に始まった International Platform for Reducing Earthquake Disasters の略称で、日本では「建築・住宅地震防災国際プラットフォーム」と呼ばれている。メンバーは地震防災に関して日本が協力してきた国で、年 1 回の対面会議がコロナ禍で中断され、今回は久しぶりの対面会議であった。開催場所はメンバー国の持ち回りで、2023 年 2 月にトルコ地震が発生したため、トルコ開催となった。

　会議の 1 日目はメンバー国（エルサルバドル、チリ、エジプト、インドネシア、カザフスタン、メキシコ、ペルー、ルーマニア、トルコ、日本）のみ参加し、各国からの報告があった。2 日目は 2023 年トルコ地震についての報告を中心に公開の国際シンポジウムが行われた。3 日目は地震による被災地への視察が行われた。地震が発生してから半年以上も経過していたが、被災地には被害を受けた建物が多数残っており、期待以上の有益な情報を得ることができた。

　トルコの建物の大部分は鉄筋コンクリート（RC）造の柱・梁・床で構成されるラーメン構造（図 3.29）で、それに補強鉄筋などがない空洞煉瓦で壁を造る工法である。この構造は地震時に柱・梁で構成される架構（これがラーメン構造）は変形する。それに比べて煉瓦の壁は柱・梁と同じように変形できず、地震時には壁にひび割れが生じ、地震動が大きくなると、壁は崩壊し瓦礫となって落下してしまう（図 3.30）。それでも、残りのラーメン構造が地震動に耐えることができれば、崩壊は免れるであろうが多くの建物は（日本に比べ細い柱・梁で）地震に耐え切れず崩壊してしまった。

　今後の対策として、ラーメン構造の地震時の変形を小さくすることが最優先で、そのために煉瓦壁の代わりに RC 造の壁を設けることがベストであろ

図 3.29 トルコの建設中の建物

図 3.30 空洞煉瓦壁の瓦礫

う。これが耐震壁となり、地震力の大半を負担し、建物の変形は小さくなり、結果的に煉瓦壁の被害も小さくなる。

現在の世界中の耐震規定は建物の構造的な粘り（靱性）に頼り過ぎていて、靱性の最も大きな構造は作用する地震力を 1/8（日本では 1/4）に低減している。このようなことを含め、今後大きな被害が生じないようにするには耐震規定の強化が必要であろう。また、耐震規定を守ることも重要で、（最新の）耐震規定を守らなくとも建設後に罰金を支払えば、（マンションなどを）合法的に売り出すことが可能な法制度にも問題がある。

2023 年は死者 10 万以上の関東大震災が起こってから丁度 100 年で、この間に日本の耐震構造は大きく発展した（それでも解決すべき問題点は多々残っている）。一方、トルコは共和国となってから丁度 100 年で、今でも民

族的な対立を含め種々の問題を抱えており、安定した国・社会となってきたのは（現政権になってからの）直近 20 年程度のようである。このような状況を考えると、地震による死者が 5 万人を超えたことに対して「耐震規定に問題がある」といって非難するより、国内外の諸問題を少しでも早く解決し、平和でかつ（地震に対しても）安全・安心な国となることを期待している。（2024 年 1 月）

（参考文献）内藤正典『トルコ─建国一〇〇年の自画像』岩波新書、2023.8.18

第4章

耐震設計・規定について

4.1 建物の耐震性は方向によって異なる！

　図 4.1 はマンションの正面と妻面(側面のこと)である。高さと幅の比をアスペクト比といい、この建物の正面から見たアスペクト比は約 1.0、妻面のアスペクト比は約 2.5 である。形状からはアスペクト比の小さい正面の方が妻面より安定しているように見える。このため、この建物の長辺方向の耐震性は高く、短辺方向の耐震性は低いと思っている人も多いようであるが、実際は逆で短辺方向の耐震性は長辺方向よりも高いのである。

　この図のマンションは、各住戸が鉄筋コンクリート造の壁で仕切られてお

図 4.1　マンションの正面(左)と妻面(右)

り、この壁が耐震性を高めている。地震力に抵抗する壁は「耐震壁」と呼ばれており、短辺方向には住戸毎に耐震壁がある。長辺方向はベランダへの出入口や窓のための開口が多く、耐震壁となるような壁は全くない。このため、地震に抵抗するのは、短辺方向では耐震壁、長辺方向は柱と梁で構成される架構（これを「ラーメン構造」という）である。

耐震壁は、ひび割れが生じると強度が急激に低下するので、十分な強度を持つように強度抵抗型の構造として設計する。これに対し、ラーメン構造は靭性抵抗型で、耐震壁に比べると強度は高くはないが、ひび割れが生じても、強度が急激に低下することがないように靭性（粘り）を持つように設計する。

このような建物はマンション以外にもあり、その典型が学校の校舎である。校舎には、例えば南側に教室が連続して配置され、その反対の北側には廊下が通っていることが多い。教室と教室を仕切る壁は耐震壁となるので、短辺方向の耐震性は高いが、長辺方向には教室側にも廊下側にも窓を大きく取るため、耐震壁はなく、柱（と梁で構成されるラーメン構造）で地震力に抵抗することになる。

建築基準法では建物のどの方向も大地震に抵抗できるように設計されているが、地震後の被害を考えると、短辺方向はひび割れが生じてもわずかで、無傷に近いであろう。一方、長辺方向は柱や梁にかなりのひび割れが生じることが予想される。そして、被害程度によっては地震後に大がかりな補修が必要となったり、最悪の場合には取り壊さなければならないことも生じるのである。

さて、既存マンションに耐震補強を行う場合、特に長辺方向の耐震性を高める必要がある。このため、長辺方向に耐震壁を入れることが一案であるが、住戸内に壁を新しく入れると使い勝手が悪くなる。また、各住戸の中で工事を行うことは難しいため、共有部分や外部からの補強を行うことが多い。外部からの補強にしても、窓を完全に塞ぐことは通常受け入れられないので、例えば図 4.2 のように、外部から筋かいを取り付けることもよく行われる。このような工法でも、窓からの眺望が妨げられたりすることもあるので、実際に耐震補強を行うとなると解決しなければならない点が多い。

更に、建物を使いながらの工事は、その期間中は住民や利用者が不便と感じることが生じる。結局、工事は一時的ということを住民・利用者に理解してもらい、その期間は我慢してもらうことにならざるをえない。この他にも

図 4.2　鋼製筋かいを外部に取り付けた耐震補強例

色々あるので、実際の耐震補強の問題点などについては別の機会に紹介したいと考えている。（2008 年 6 月）

4.2　最近のマンションの耐震性は？

2005 年に発覚した「耐震強度偽装事件」の後、このような事件の再発防止のため建築基準法と建築士法などが改正された。建築確認については、その手続きが厳格になり、容易に変更ができず（変更は原則として再申請）、少し規模の大きな建物については、構造計算をダブルチェック（適合性判定）することになった。私自身、適合性判定に関わっていて、この中で感じていることがある。

それは、鉄筋コンクリート造のマンションのような建物では、耐震壁を設けることを止め、図 4.3 のように壁のない柱・梁で構成される、いわゆるラーメン構造として設計される場合が非常に多くなっていることである。しかも、多くの場合、図 4.4 のように耐震壁と考えられる壁があるにもかかわらず、図 4.5 のように、あえて壁の両端と下端の 3 方向に構造スリット（隙間）を設け、非耐力壁として設計している。

地震に対する耐震壁の有効性は過去の地震被害によって証明されているのに、あえて耐震壁をなくする設計には、まったく賛成できない。もちろん、このようにする理由は想像が付き、例えば、ラーメン構造とした方が設計変更に容易に対応でき、形状係数 F_{es} についても考える必要がなくなるなどのメリットが優先されていると思われる。

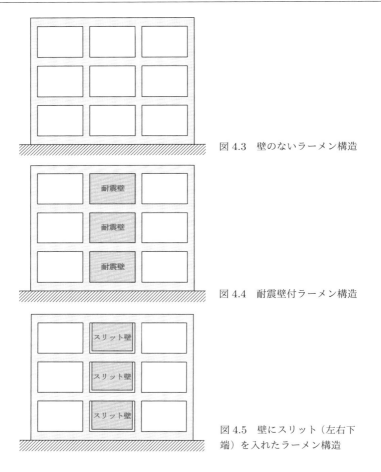

図 4.3　壁のないラーメン構造

図 4.4　耐震壁付ラーメン構造

図 4.5　壁にスリット（左右下端）を入れたラーメン構造

　しかし、建築基準法上は問題がないとしても、実際に大地震が生じた際の被害を想像すると、ラーメン構造（図 4.3 や図 4.5）の場合、応答変形はかなり大きく、ひび割れもかなり生じ、場合によっては（人命は守られたとしても）地震後に被害を修復することが困難で、取り壊さなくてはならないことにもなりかねない。一方、耐震壁の多い建物（図 4.4）の場合は、多少のひび割れが生じても、補修できないほど大きな被害を受けることは少ない。

4.3 壁を耐震性向上のために活用しよう！ **113**

現行の耐震規定では建物の構造的な粘り（靭性）に期待して（構造特性係数 D_s を小さくすることができるので）、地震に対する耐力（必要保有水平耐力 Q_{un}）を低減することができる。しかし、これは構造的な粘りがあれば耐震的に問題がないというのではなく、大地震の時に被害が生じないような耐力を持たせることが（経済的な理由から）困難なため、やむを得ず粘りに期待し、多少の（場合によってはかなりの）被害が生じても崩壊は防ぐようにするという設計思想が背景にある。

建築基準（法）を守ったからといって、よい建物・よい構造になるという訳ではない。構造技術者は自ら自発的に耐震設計の基本にある考え方を理解し、単に構造計算・規定に関する法令を守るという受け身の設計ではなく、自分自身の経験と信念に基づき、よりよい建築・よりよい構造を次の世代に残して欲しいと願っている。（2008 年 10 月）

4.3　壁を耐震性向上のために活用しよう！

以前（2008 年 10 月、前節）に、「耐震強度偽装事件の再発防止のため建築基準法が改正され、建築確認の手続きが厳格になった。その結果、鉄筋コンクリート造の建物では、耐震壁を止め、柱・梁で構成されるラーメン構造として設計される場合が非常に多くなった。しかも、耐震壁として有効な壁があるにもかかわらず、壁の両端と下端に構造スリット（隙間）を設け、非耐力壁として設計している。」ということを紹介した。

耐震壁は耐震性を向上させるというのに、（設計変更を容易にするため）耐震性に逆行する設計を行っているのは納得できない。このため、次のように考えてみた。

最初に、図 4.6 に示すような同一構面が等間隔で並んでいる（捩れの生じない）構造物を考え、この構造物の中心に外力 P が加り、変位 δ_0 が生じるとする。この構造物の水平剛性を k、幅を ℓ とし、図 4.7 に示すように左端から $\beta\ell$ の位置に水平剛性 αk の壁が加わった時の右端の（並進と捩れによる）変位を δ_n とする。$\delta_n/\delta_0 < 1$ であれば、新しく加わった壁によって耐震性は向上すると考えることができる。この条件を求めると、図 4.8 に示す建物の幅の中央 1/3 以内に壁を設けると、耐震性が向上することになる。

次に、水平剛性 αk の壁が左端に加わり、更に端部から $\beta\ell$ の位置にも水

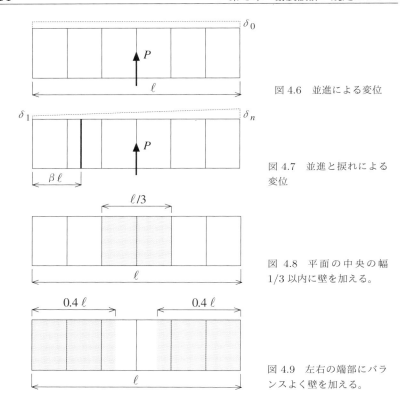

図 4.6 並進による変位

図 4.7 並進と捩れによる変位

図 4.8 平面の中央の幅 1/3 以内に壁を加える。

図 4.9 左右の端部にバランスよく壁を加える。

平剛性 αk の壁が加わる場合を考える。この場合、(α の値によって変化するが)反対側の端部から 0.4ℓ 以内に壁が加わるならば、$\delta_n/\delta_0 < 1$ となり、この場合も耐震性が向上する。

以上のような簡単な計算結果からではあるが、構造計算をすることなく、壁が加わることによって耐震性を向上させるため、次のように提案する。

通常の構造計算を行った構造物(必ずしもラーメン構造である必要はなく、既に壁があってもよい)に次のような壁を加える場合には、(耐震性が向上するので)構造計算を再度行わなくてもよい(もちろん再計算を行ってもよい)。

1) 平面の中央の幅 1/3 以内に壁を加える(図 4.8)。

2) 平面の端部に壁を加える場合は、反対側の端部にも（幅の **0.4** 倍以内に）同じ（程度の）壁を加える（図 **4.9**）。

なお、壁は開口の有無にかかわらず、また必ずしも耐震壁である必要はない。（ただし、加える壁が柱のせん断破壊を引き起こさせるような場合には、その壁にスリットを設けるなどの措置が必要であろう。）

以上の提案は大雑把すぎるとの反論もあろうが、とにかく、バランスよく配置された壁は耐震性を大幅に向上させるので、壁にスリットを設けることを考えるのではなく、壁を耐震性向上のために活用することをまず考えて欲しいと願って提案する次第である。

（建物の高さ方向の壁配置も重要で、建物の一つの層へ被害が集中しないように配置するのが好ましいが、このような点については、別の機会に説明したい。）（2009 年 2 月）

4.4　建築物は地盤に緊結しない方がよい！

建築物の地震に対する安全性を確保するための重要なステップに、構造計算がある。1981 年以来用いられている耐震規定（いわゆる「新耐震」）では、「許容応力度計算」と「保有水平耐力計算」の 2 段階の計算を行うことが基本となっている。

第 1 段階の許容応力度計算では、荷重・外力によって建築物の部材断面に生ずる応力度が、許容応力度を超えないことを確かめる。第 2 段階の保有水平耐力計算では、（建築物の地上部分について）各階の保有水平耐力が、必要保有水平耐力以上であることを確かめる。すなわち、第 1 段階では中地震動（稀に起こる地震）に対する検討、第 2 段階では大地震動（極めて稀に起こる地震）に対する検討を行うことになっている。

1981 年以前は、（現行規定では中地震動に相当する）水平震度 0.2（これに地域係数 1.0〜0.8 を乗じた値）を用い、許容応力度計算を行っていた。しかし、このような計算を行っていた建築物もたびたび地震被害を受けたため、大地震動に対する検討を行うことになり、保有水平耐力計算が導入された。

保有水平耐力計算が建築物の「地上部分」についてのみ行うことになったのは、地震被害が地下部分まで及ぶことがほとんどなかったからである。こ

れは、地下部分には土圧・水圧に抵抗するため厚くて丈夫な壁が周囲に配置されており、この壁が耐震壁としても機能しているからである。

新耐震導入当時は、保有水平耐力の計算方法は確立しておらず、構造計算を行う実務者にとってはなじみのない計算法であった。このため、参考文献の解説書には「極限解析法や増分解析法等の精算によるほか、実用的には節点振り分け法や仮想仕事の原理を用いた方法を採用してよい。」と手計算でもできることを前提として書かれていた。

計算方法の他に、細長い立面形状の建築物では水平耐力を大きくしても、浮き上がりによって保有水平耐力が決まってしまう問題も議論された。その結果、「梁間方向の短い壁式構造等のように、建築物全体の転倒モーメントによる浮き上がりによって耐力が支配される場合には、この浮き上がりがないものと仮定して崩壊メカニズムの形成を想定して差し支えない。」ということが解説として書かれた。なお、現行規定（平成 19 年国土交通省告示第 594 号第 4）では、「・・・地盤、基礎杭、地盤アンカーはそれぞれの極限支持力を超えないこと。ただし、特別な調査研究によって・・・建築物の全体の転倒が生じないことを確かめた場合は、この限りではない。」という表現になっている。

最近では、保有水平耐力を計算するコンピュータ・ソフトが開発され、荷重増分解析法を用い保有水平耐力を計算していることが多い。その中では、上述の告示のただし書きより前の部分に従って、結局は建築物が部分的にも浮き上がりが生じない耐力を保有水平耐力としている。このため、浮き上がりを防ぐために杭を用いたり、基礎と杭を緊結したり、基礎を地盤へ緊結するためアンカーを用いることもある。しかし、建築物が転倒することは避けなければならないが（第 1 段階の計算で考えている中地震動では浮き上がらないことが確認されるので）、建築物は（第 2 段階の計算で考えている大地震動では）一時的に浮き上がっても転倒することはない。

そこで、転倒しないのであれば、建築物は浮き上がっても構わないのではないか。場合によっては、浮き上がった方が地震被害は小さくなる。基礎が移動する（滑る）ことによって免震効果が期待できる。結局、建築物の浮き上がりを防止したり、基礎と杭を緊結する必要はない。むしろ、浮き上がったり滑ったりすることで、建築物も基礎も杭も地震被害が小さくなるはずである。

このような結論を安易に出す積もりではないが、最近は基礎を地盤や杭に緊結するため、過剰な設計を行っているような気がしており、このような点に関する研究を進め、実務設計に反映させて欲しいと願っている。（2009年10月）

（参考文献）建設省住宅局建築指導課・建設省建築研究所監修「構造計算指針・同解説」日本建築センター発行、1981.1

4.5 大地震動でも建築物は転倒しない！

前節で「建築物は大地震動によって一時的に浮き上がっても転倒することはない。」ということを書いたので、この点について説明を加えたい。

以前（2001年4月[†]）に物体の転倒条件について次のように述べた。図4.10左のように物体が床の上に載っている。話を簡単にするため、物体は質量 m、幅 B、高さ H の均質で剛な角柱とし、床も剛で水平とする。床に水平加速度 $-a$ が生じると、物体には逆向きの加速度 a が生じ、それによって水平力 ma が慣性力として生じる。物体には重力による鉛直力 mg（g は重力加速度）が下方に作用しているので、もし ma と mg の合力が物体の底端部 O の外側に向くような加速度が作用すると、物体は浮き上がることになる。すなわち、物体が浮き上がるための水平加速度は次式で表される。

$$a \geq \frac{B}{H}g \tag{4.1}$$

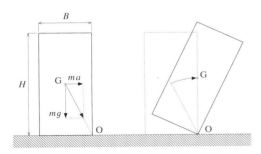

図 4.10 物体に作用する力と転倒

[†] 石山祐二『建築 J ウオーク』3.17 節、三和書籍、2005 年 3 月

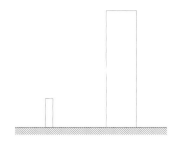

図 4.11 形状が相似でも
大きな物体は倒れ難い

しかし、上式は単に物体が浮き上がる条件で、転倒する条件ではない。物体が転倒するためには、図 4.10 右のように重心 G が低端部 O の直上まで移動する必要がある。このためには、物体の重心が持ち上がる、すなわち位置エネルギーが増加する必要があり、この条件は次式の床の速度 v で表すことができる（参考文献参照）。

$$v \geqq 10\frac{B}{\sqrt{H}} = 10\frac{B}{H}\sqrt{H} \text{ (単位は cm、秒)} \tag{4.2}$$

物体の転倒に必要な加速度は (4.1) 式より B/H に比例するが、速度については (4.2) 式より B/H が一定の場合 $\sqrt{H}$ に比例することが分かる。すなわち、形状が相似の物体であっても大きな物体は（その大きさの平方根に比例して）倒れ難いことになる（図 4.11 参照）。

そこで、$B/H = 0.25$ で大きさの異なる物体を考えてみると、浮き上がる加速度は $0.25g$ で一定である。しかし、転倒に必要な速度は、高さが 200cm（家具程度）の場合で 35 (cm/秒)、高さ 10m（3 階建）の場合で 79 (cm/秒)、高さ 30m（10 階建）の場合で 137 (cm/秒)、高さ 100m（30 階建）の場合で 250 (cm/秒) となる。

さて、建築物の設計の際に想定している大地震動による応答速度は良好な（第 1 種）地盤の場合 100 (cm/秒) で、速度の応答倍率を 2 と考えると、地盤の速度は 50 (cm/秒) となる。よって、家具程度の物体は転倒しても、建築物のように大規模な物体は転倒しないことになる。

もっとも、軟弱地盤（第 3 種地盤）では地盤の速度が 2 倍となり、更に浮き上がる際に地盤と接している低端部が沈下すると、建築物は転倒しやすくなる。この他にも（影響は小さいが上下方向の地震動など）検討しなければ

ならない点はあるが、転倒を防ぐために建築物の浮き上がりを阻止する必要は必ずしもない。

建築物を地盤に緊結したり、基礎と杭を緊結することによって、建築物への地震入力エネルギーが増大し、被害が増大することになりかねない。むしろ、浮き上がりや滑りを許容した方が建築物の地震被害を低減させることができる。建築物の動的挙動について（現行の設計法でも考慮しているが）、更に多角的な面から考慮し、地震被害を実際に低減することができる設計法へと発展することを期待している。（2009 年 12 月）

（参考文献）Ishiyama,Y., "Criteria for Overturning of Bodies by Earthquake Excitations", 日本建築学会論文報告集 第 317 号, 1982.6.

4.6　最近の建物の耐震設計に対する懸念

東日本大震災の報道は、津波と原発に集中し、その他の被害については極端に少ない。しかし、建物被害は東北地方のみならず首都圏にも生じ、その中には私が以前から懸念している被害も見受けられる。このままでは「2010 年前後に建てられた建物には耐震性に問題があるものが多い」といわれることにもなりかねないので、この点について説明したい。

建物が耐震的であるためには、強度と靭性の両者が必要である。この背景には、極く稀に起こる大地震動は非常に強烈で、建物は強度のみでは抵抗することはできず、靭性（構造的な粘り）によって何とか崩壊を防止し、人命のみは守るという耐震設計の基本的な考え方がある。この考え方を次式のように表すことがある。

$$耐震性＝強度×靭性 \tag{4.3}$$

しかし、上式による耐震性が同じでも大地震動を受けた際の建物の被害程度は、その強度によって大きく異なる。すなわち、耐震壁が多く強度が高い建物は（靭性が多少低くとも）変形が小さいので、ひび割れなどがあまり生じない。一方、柱と梁で構成されるラーメン構造のように靭性の高い建物は（一般的に強度が低いので）変形が大きく、（構造スリットが適切に設けられていない場合には）壁などにひび割れが発生し、（柱・梁にはひび割れが生じていなくとも）見た目の被害はかなり大きくなり、家具などの転倒も多くな

るのである。

さて、最近の鉄筋コンクリート造のマンションはラーメン構造とし、耐震壁を用いないようにする傾向にある。この主な理由は、(i) 耐震壁を用いると設計変更の作業が繁雑になり、(ii) 耐震壁を用いないほうが構造計算が容易になるからである。

その結果、耐震壁の有効性は過去の地震被害で繰り返し証明されているのに、設計変更や構造計算の繰り返しを避けたいという安易な考え方で、構造的により健全な建物を設計することを怠っていることになる。しかも、耐震壁として有効に利用できる壁があるのに、その壁の周囲（通常は両端と下端）に構造的な隙間（スリット）を設け、あえて耐震壁としない場合が非常に多い。また、平面的に不整形な建物の場合には、平面的に分離し、個々の平面は整形となるようにるエキスパンションジョイントを設けている場合もある。この場合には、地震時にエキスパンションジョイント部に被害が集中し、構造的に一体としていたほうが建物全体の被害が小さかったはずという結果を招くことになる。

このように、好ましいとは思われない構造設計が流行っている理由には、（構造設計者にも責任があろうが）耐震規定にも問題がある。すなわち、現行の規定では、耐震壁を用いると構造計算が面倒になり、設計変更も難しくなるのである。

既存の建物を耐震補強する際には、耐震壁を新設・増設することが通常行われているのに、新しい建物には耐震壁を避ける現在の傾向は何としても阻止したい。このため、すでに 4.2 節、4.3 節で説明したことをまとめて次のように提案する。

（提案） 通常の構造計算を行った建築物（必ずしもラーメン構造である必要はなく、既に壁があってもよい）に次のように壁を加える場合には、（耐震性が向上するので）構造計算を再度行わなくてもよい（もちろん再計算をしてもよい）。

1) 平面の中央の幅 1/3 以内に壁を加える。

2) 平面の端部（幅の 0.4 倍以内に）に壁を加える場合は、反対側の端部にも（幅の 0.4 倍以内に）同じ（程度の）壁を加える。

3) 立面的には壁を 1 階から上階（途中階まででもよい）まで連続して配置

する。

なお、壁は開口の有無にかかわらず、また必ずしも耐震壁である必要はないが、壁によって柱が短柱となりせん断破壊を引き起こすような（悪影響を与える）場合には、その壁にスリットを設ける。

この提案は安直過ぎると思われるかも知れないが、壁に構造スリットを設けるよりも、簡単に（場合によっては）安価に建物の耐震性を高めることができるので、この提案が早急に実現されるようにと願っている。（2011年8月）

4.7 建物の基礎と杭の接合は過剰設計！

最近の建物では、基礎と杭の接合が強化されるようになってきた。しかし、この接合は過剰であると思うので、その点について話してみたい。

建物の耐震設計では、図 4.12 a) のように地震力に相当する静的な水平力を考えるが、実際には地震力は動的に作用する。すなわち、地震時の建物の振動は多くのモードが重なるので、地震力は大きさも方向も時々刻々変動する。それを設計のために簡略化したのが図 4.12 a) の設計用地震力である。個々のモードによる地震力は 1 次モードでは図 4.12 b) のように建物の上から下まで同じ向きに作用する（その大きさは時間的に変動し地震力が逆向きに作用することもある）が、高次モードでは例えば図 4.12 c) の 2 次モードのように地震力が上から下まで同じ向きに作用することはない。

建物の典型的な地震被害として 1 階の層崩壊がある。これは、地震力が最

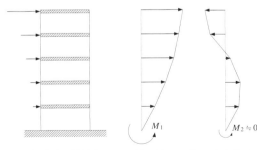

図 4.12 設計用地震力と振動モードによる地震力

a) 設計用地震力　　b) 1 次モード　　c) 2 次モード

上階から下階に順次伝達され、（最終的には地盤に伝達されるが）1 階に作用する「地震層せん断力」（ベースシャー）が 1 階の「保有水平耐力」を上回ってしまった結果である。このように建物の地震被害に最も大きく影響するのが地震層せん断力で、耐震設計においては、各層に作用する地震層せん断力の最大値を求め、それに対して設計するのが基本である。

建物に作用する地震力は、すべてのモードが重なって生じるが、高次モードの地震力は（大きさや向きが変動しても）、図 1c) のように常に左右両方から作用するので、地震層せん断力に影響する割合は低く、最も大きく影響するのは 1 次モードである。例えば、1 階の地震層せん断力の高次モードの割合は 1〜2 割程度である。更に、建物基礎の浮き上がりに直接影響する転倒モーメントを考えると、1 次モードによる図 4.12 b) の M_1 に比べて図 4.12 c) の M_2 はほとんど 0 で、高次モードの転倒モーメントへの影響は無視できる。

さて、耐震設計に用いる A_i 分布は各層に生じる地震層せん断力を計算するためのものである。よって、A_i 分布を用いた地震層せん断力から求めた地震力によって基礎に生ずる引張力や圧縮力を計算した場合には、高次モードの影響を取り除く必要がある。

更に、基礎が浮き上がっても建物が転倒することはないので（4.5 節参照）、地震時に基礎の浮き上がりを許容した方が建物の崩壊につながる地震入力は小さくなり、また基礎が地盤や杭の上で滑っても、それによって建物への地震入力が低減されることになる。

以上のようなことから、基礎と杭の接合は、過剰であるばかりでなく、不要であり、場合によっては危険側に作用することもあると考えられる。

耐震計算ルート 3 において、保有水平耐力の計算が必要なのは地上部分のみで、地下部分では必要がない。これは、大地震動時に建物の浮き上がりや滑動を許容しているからであると考えることができる。

最近は保有水平耐力を求める際に、地上部分と地下部分を一体にモデル化し、便宜上 A_i 分布による水平力を用いた増分解析を行う場合が多くなっている。もちろんこのこと自体は誤りではないが、基礎の浮き上がりに直接影響する転倒モーメンから高次モードの影響が減じられていないし、法令上は地下部分に保有水平耐力の考え方を拡大する必要はない。

耐震偽装事件以降の構造規定の改正により、建物の構造性能が向上することよりも、計算上の偽装がし難いように計算方法を定めてしまったように思

える。構造技術者は、よい構造になるのであれば労力も時間も惜しまないであろうが、よい構造とはならないのであれば単に規定を満足する設計を行ってしまうであろう。構造技術者の創意工夫によって、よりよい建物ができるような規定へと改正されることを期待している。（2012年4月）

4.8　地震工学に用いる各種スペクトル（その1）

（応答スペクトル）

　地震工学では「応答スペクトル」という用語がよく用いられる。この他に近年では「要求スペクトル」、「耐力スペクトル」などという用語も用いられているので、各種スペクトルの意味などをまとめてみよう。

　図 4.13 は 1978 年宮城県沖地震の際に 9 階建の鉄骨鉄筋コンクリート（SRC）造建物の 9 階と 1 階で記録された加速度（単位はガル = cm/s^2）の 30 秒間の時刻歴である。（地震動にほぼ等しい）1 階の波形はかなり複雑である。一方、9 階の最大振幅は 1 階に比べ約 4 倍に増幅され、かつピークが約 1 秒ごとに周期的に表れている。耐震設計では、図 4.13 の上のような地震動による構造物の挙動（応答）が重要で、特に重要なのは（時間的な変動よりも）最大応答値である。最大応答値が分かるならば、それに耐えるように構造物を設計することが可能となるからである。このため、地震動そのものではなく、構造物の最大応答値を示しているのが応答スペクトルである。

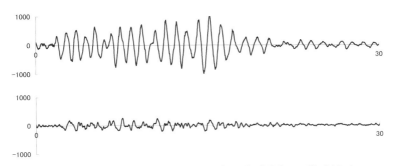

図 4.13　9 階建の鉄骨鉄筋コンクリート（SRC）造建物の 9 階（上）と 1 階（下）の加速度（1978 年宮城県沖地震）

第 4 章 耐震設計・規定について

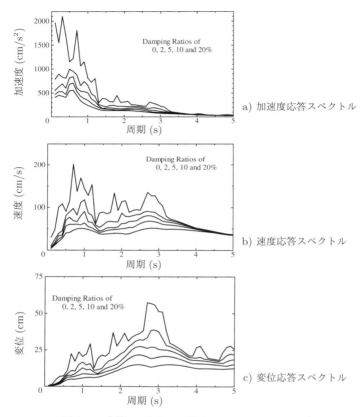

図 4.14 応答スペクトルの例（エルセントロ 1940NS）

　すなわち、**応答スペクトル**とは、地震動の構造物への影響を表すために，構造物を 1 自由度系にモデル化し、横軸に構造物の固有周期（固有振動数の場合もある）、縦軸に最大応答値を示したもので、応答値によって図 4.14 のように a) 加速度応答スペクトル、b) 速度応答スペクトル、c) 変位応答スペクトルなどがある。

　応答は構造物の振動エネルギーを吸収する度合（減衰定数で表される）によって影響される。例えば、お寺の鐘のように数分間（場合によっては 10 分

以上）も振動し音が聞こえるのは、減衰が非常に小さいからである。一方、最近では多くの開き戸にはドアクローザが付いていて、ゆっくり閉まる。これは、ドアクローザには「ばね」とダンパーが組み込まれていて、このダンパーによる減衰が非常に大きいからである。

応答スペクトルには、異なる減衰定数に対する数本の曲線が描かれている場合がある。減衰定数が大きいほど応答値は小さく、図 4.14 の曲線の減衰定数は上から順に 0, 2, 5, 10, 20% である。図 4.14 のような応答スペクトルが得られるならば、構造物の固有周期と減衰定数を推定すると、その地震動による構造物の最大応答値を容易に求めることができる。（2013 年 8 月）

4.9　地震工学に用いる各種スペクトル（その 2）

（トリパータイト応答スペクトルと擬似応答スペクトル）

前節で図 4.13 を示し「1 階の波形はかなり複雑である。一方、9 階の最大振幅は 1 階に比べ約 4 倍に増幅され、かつピークが約 1 秒ごとに周期的に表れている。」と書いた。地震動を受けると構造物はいつでもその固有周期 T（図 4.13 の場合は約 1 秒）で振動するので、応答変位が最大となる時間帯の振動を図 4.15 のように正弦波で表すと、最大の応答変位 S_d、固有円振動数 ω（$\omega = 2\pi/T$ の関係がある）として、応答変位 y は次式で表される。

$$y = S_\mathrm{d} \sin \omega t \tag{4.4}$$

上式を時間 t で 1 回微分すると速度、2 回微分すると加速度が次式のようになる。

$$\frac{dy}{dt} = \omega S_\mathrm{d} \cos \omega t \quad \frac{d^2y}{dt^2} = -\omega^2 S_\mathrm{d} \sin \omega t \tag{4.5}$$

sin も cos も最大は 1 なので、上式から最大の応答速度 S_v と応答加速度 S_a

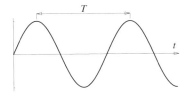

図 4.15　周期 T の正弦波

は次式となる。

$$S_v = \omega S_d \qquad S_a = \omega^2 S_d \tag{4.6}$$

sin や cos を微分（または積分）する際には、(4.5) 式から分かるように、ω を用いる方が簡単なので、数学的には ω を用いることが多いが、工学的には固有周期 T や固有振動数 $f = 1/T = \omega/(2\pi)$ を用いることが多い。

いずれにしても、S_d, S_v, S_a の間には (4.6) 式のような簡単な関係がある。この関係を利用し、図 4.16 のように横軸に固有周期 T、縦軸に S_v をいずれも対数目盛で表すと、同図に示されている左右に傾いた目盛から S_a と S_d も読み取ることができる。このような図をトリパータイト応答スペクトルという。

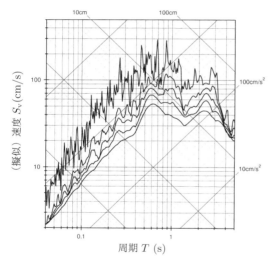

図 4.16 トリパータイト応答スペクトル（エルセントロ 1940NS）

トリパータイト応答スペクトルは、一つの図から応答の加速度も速度も変位も読み取ることができるというメリットの他に、$T = 1/f$ の関係があるので、左右を反転し目盛を逆数（例えば 0.1 は 10）にすると横軸が（対数目盛のため）振動数のスペクトルになる。なお、横軸は周期の場合が多いが、振動数の場合もある。

構造物の応答が最大となる時間帯では図 4.15 のように振幅を正弦波でほぼ

表すことができるが、最大の応答変位、速度、加速度を求めると、ここで示した式は厳密には成立しない。このため、上のような式が成立するように求めたものを擬似変位、擬似速度、擬似加速度と表現し、それらを示したものを擬似応答スペクトルという場合もあるが、工学的にはほとんど差異はないので、擬似（pseudo）という表示をしていることはあまりないようである。（2013 年 10 月）

（参考文献）石山祐二『耐震規定と構造動力学』三和書籍、2008.3

4.10　地震工学に用いる各種スペクトル（その 3）

（要求スペクトルと耐力スペクトル）

　4.8 節の（その 1）で示したように個々の地震動の加速度応答スペクトルはかなり複雑で、また将来の地震動を予測することは難しいため、設計にはスペクトルを平均し、理想化した図 4.17 のような設計用加速度応答スペクトルを用いることが多い。一方、4.9 節の（その 2）で説明したように、最大応答が固有円振動数 ω の正弦波で表されるとすると、加速度応答 S_a と変位応答 S_d の間には次の関係がある。

$$S_a = \omega^2 S_d = \left(\frac{2\pi}{T}\right)^2 S_d \tag{4.7}$$

ここで、T は構造物の固有周期で $T = 2\pi/\omega$ である。

　上式より T を一定とすると、S_a と S_d は比例関係にあるので、縦軸を S_a とし横軸を S_d とした図 4.18 において、原点 O から始まる放射状の直線は、ある一定の T を示すので、図 4.17 のスペクトルを変換すると図 4.18 となり、これを要求スペクトル（demand spectrum）という。

　要求スペクトルは、通常の応答スペクトルに比べて特別な情報を有しているものではないが、構造物の荷重変位曲線は縦軸が荷重、横軸が変位なので、図 4.19 のように荷重変位曲線と要求スペクトルを重ね合わせて描くことができるという利点がある。なお、図 4.19 中の破線 a, b, c は、各層の荷重変位曲線を図 4.20 に示す等価 1 自由度系に縮約した、異なる 3 棟の建築物の荷重変位曲線を示しており、これを耐力スペクトル（capacity spectrum）という。

　図 4.19 中の耐力スペクトル a は要求スペクトル II を直線的に横切ってから（×で示される）崩壊に至るので、耐力スペクトル a で表される建築物は、

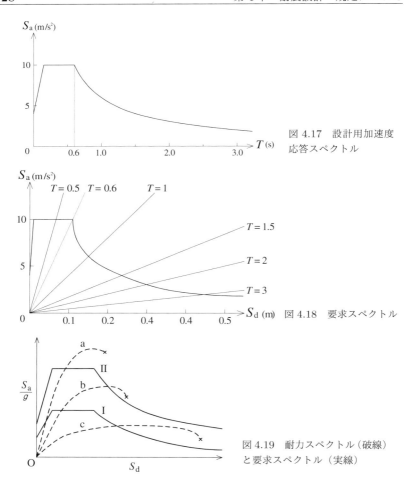

図 4.17 設計用加速度応答スペクトル

図 4.18 要求スペクトル

図 4.19 耐力スペクトル（破線）と要求スペクトル（実線）

要求スペクトル II で表される地震動に対して弾性限以内の挙動をすることになる。耐力スペクトル b で表される建築物は、塑性領域に入るが要求スペクトル II で表される地震動に耐えることができる。耐力スペクトル c で表される建築物は、要求スペクトル II を横切ることがないので、この地震動に耐え

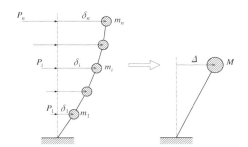

図 4.20 n 自由度系の等価 1 自由度系への縮約

ることができない(ただし、塑性領域に入ることによって減衰が増加し、要求スペクトルが低減されるので、耐えることもあり得る)。要求スペクトル I で表される地震動に対しては、耐力スペクトル a, b で表される建築物は弾性限以内で耐えることができ、耐力スペクトル c で表される建築物は塑性領域に入るが耐えることができることになる。

以上のように、地震動の特性を表す要求スペクトルと建築物の特性を表す耐力スペクトルを比較し耐震性を検証する手法を「耐力スペクトル法」(Capacity Spectrum Method) といい、日本の限界耐力計算にも取り入れられている。地震動と構造物の耐力を直接比較するこの手法は非常に興味深いが、この手法の妥当性については、地震被害調査を含む今後の調査研究が必要であろう。(2013 年 12 月)

(参考文献) Freeman, Sigmund A., "The Capacity Spectrum Method as a Tool for Seismic Design", Wissensmanagement - WM, 1998

4.11 地震工学に用いる各種スペクトル (その 4)

(限界耐力計算の応答スペクトル)

建物の地震被害は地盤の硬軟に大きく影響され、例えば軟弱地盤では通常の地盤より地震被害は一般に大きくなる。このため、地表面ではなく、表層地盤の下にある工学的基盤の地震動を想定し、それに建設地の表層地盤の影響を考慮するのが限界耐力計算の特徴の一つである。この工学的基盤の地震動を表す応答スペクトルを説明しているのが図 4.21 で、その基本となっているのが図中の新耐震層せん断力係数 (第 2 種地盤) である。

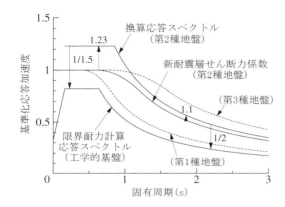

図 4.21 限界耐力計算の応答スペクトル

　振動特性係数 R_t に標準せん断力係数 C_0 を乗じたものは（応答スペクトルに似ているが）多層建物の 1 階の層せん断力係数を表しており、これを短周期では 1.23 倍、長周期では 1.1 倍して図中の換算応答スペクトル（第 2 種地盤）を求めている。これを更に工学的基盤の応答スペクトルとするため、短周期では 1/1.5 倍、長周期では 1/2 倍したのが図中の限界耐力計算応答スペクトル（工学的基盤）である。

　この図を見た時に、加速度が支配的な短周期では 1.5、速度が支配的な長周期では 2 を（地震観測から経験的に得られたであろう）平均地盤増幅率と設定したとの説明はある程度納得できた。

　しかし、換算応答スペクトルを求める際に 1.23 倍、1.1 倍としている理由が分からず、当時建築研究所にいた M 氏に尋ねたところ、私の論文（参考文献）からの引用であると聞いて驚くと同時に自分で書いたことを忘れていたことに赤面した。私が忘れていた理由（言い訳）の前に、参考文献について簡単に説明しよう。

　地震動を受けると（多自由度系の）建物は、例えば図 4.22 に示すような振動モードが重なって振動する。この際、2 次以上の高次モードによる各層の地震力は左右から作用するので、1 階に伝わる地震力はほんの少しである。このため、1 次モードが 1 階の地震層せん断力（ベースシヤ）の大部分を占めることになる。高次モードのベースシヤへの影響を解析したのが参考文献で、多自由度系のベースシヤは 1 自由度系に対して、（加速度応答一定の場

4.12 地震による1階の崩壊と剛性率・形状係数

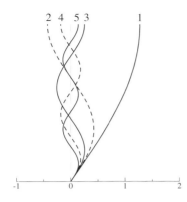

図4.22 多自由度系の振動モード（刺激関数）

合）0.816倍、（速度応答一定の場合）0.900倍となることを示し、（ピロティ建物のように）1次モードのみが卓越する建物の場合は、設計用のベースシヤをその逆数倍（1.23倍、1.1倍）大きくする必要があると書いた。

このような内容を自分で書いたのに、すぐに思い出すことができなかった理由は自分でも定かではないが、（年齢による物忘れのせいではなく）かなり前に書いたわずか2ページの日本建築学会大会の梗概であったからであろう（と自分では思っている）。企画調査課長であった当時の私には研究に費やす時間はほとんどなく、以前から気になっていたことをちょっと計算してみただけの梗概で、これが将来引用されるとは全く思っていなかった。更に、新耐震の $C_0 = 1.0$ は四捨五入して1になる程度の精度で決めたものであり、それを3桁の精度で1.23倍することなど全く想像していなかったからである。今では、たかだか1桁の精度で決めたものでも、法令になると1は1.000となることを痛感している次第である。（2014年2月）

（参考文献）石山祐二「応答スペクトル法によるベースシア係数について」、日本建築学会大会学術講演梗概集（近畿）、1987年10月

4.12　地震による1階の崩壊と剛性率・形状係数

地震によって1階が崩壊する被害はどの地震でもよく見られる（図4.23）。この理由は、各階に地震力 P_1, P_2, P_3 が作用すると（図4.24）、これらの地

震力は下の階に伝達され、下の階ほど大きな力（これを地震層せん断力という）が生じ、1階で最大となるからである。また、1階は駐車場や店舗として用いられ、耐震壁や筋かいが少なくなり耐震性が低くなることが多いからである。

さらに、地震時の変形が図 4.24 a) のように各階一様となる場合は、地震エネルギーが各階に分散されるが、b) のように1階の変形が大きくなる場合は、地震エネルギーは1階に集中し、より崩壊し易くなる。

建築基準法には、このような被害を防ぐ規定がある。地震力による変形を層間変形角 ($1/r_s$) で表し、$\bar{r}_s$ は r_s の相加平均とし、各階の剛性率 $R_s = r_s/\bar{r}_s$ を計算する。特定の階に変形が集中しないよう $R_s \geqq 0.6$ とし、$R_s < 0.6$ の場合は、形状係数 $F_s = 2.0 - R_s/0.6$ によって、その階の保有水平耐力を割り増しする規定である。

例えば、図 4.24 a) の場合、各階の層間変形角は同一の $1/r_s = 1/200$ とすると、剛性率は $R_s = 1.0$、形状係数は $F_s = 1.0$ となり、割り増しは不要である。

図 4.23 地震による 1 階の崩壊（1995 年 阪神・淡路大震災）

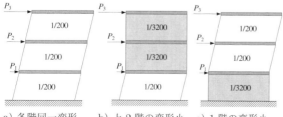

a) 各階同一変形　b) 上 2 階の変形小　c) 1 階の変形小

図 4.24 地震力 P_i を受ける各階の変形と層間変形角

図 4.24 b) の場合、上 2 階の剛性が高く層間変形角が 1/3200 とすると、剛性率は $R_s = 0.17 < 0.6$、形状係数は $F_s = 1.72$ となり、1 階の保有水平耐力を 1.72 倍に割り増しすることになる。この割り増しする値には異論もあろうが、規定としては妥当であろう。

ところが図 4.24 c) の場合、1 階の剛性が高く層間変形角が 1/3200 とすると、上 2 階の剛性率は $R_s = 0.09 < 0.6$、形状係数は $F_s = 1.85$ となり、上 2 階の保有水平耐力を 1.85 倍に割り増しすることになる。一般に、1 階の剛性を高くすると、地震時に 1 階は地盤と同様に振動するようになるので、上 2 階は 2 階建と同じような挙動をするはずである。それなのに、上 2 階の保有水平耐力を割り増ししなければならない規定には納得できない。

このような問題点は 1981 年に新耐震設計法が施行された直後から指摘されており、2015 年の解説書[1] には剛性率による割り増しを適用しなくともよい場合が示されることになったが、根本的な改正はされていない。

このような問題点が生ずる原因の一つが、層間変形角の逆数 r_s の相加平均として $\bar{r}_s$ を求めているからである。すなわち、剛性の低い階の影響を考慮すべきなのに、剛性の高い階が他の階に及ぼす影響を過大に評価していることになっているのである。このため、（層間変形角の逆数 r_s ではなく）層間変形角 $1/r_s$ とその相加平均との比に応じて剛性率を求める（これは、$\bar{r}_s$ を r_s の調和平均として求めることと同じである）のがよいと以前から考えていていて拙著[2] にも書いたことがある。なお、a と b の相加平均は $(a+b)/2$、調和平均は $2/(\frac{1}{a} + \frac{1}{b})$（逆数の相加平均の逆数）である。

地震時の各階の変形から剛性率と形状係数を求めるのは、他国には見られないよい規定ではあるが、実際の地震被害との対応も反映されるように、さらによい規定へと改正されることを望んでいる。（2016 年 6 月）

（参考文献）

1) 国土交通省 国土技術政策総合研究所、国立研究開発法人 建築研究所 監修：「2015年版建築物の構造関係技術基準解説書」、全国官報販売共同組合発行、2015.6
2) 石山祐二：『建築構造を知るための基礎知識 耐震規定と構造動力学』、三和書籍、2008.3.

4.13 米国の建築基準と耐震規定の特徴

米国の建築基準は IBC (International Building Code、国際建築基準) と呼ばれ、米国西部、東部・北東部、南部でそれぞれ用いられていた UBC (Uniform Building Code、統一建築基準)、NBC (National Building Code、国家建築基準)、SBC (Standard Building Code、標準建築基準) を統一して作成された。IBC は 2000 年の初版以降 3 年ごとに改訂されている。

IBC の耐震規定は基本事項のみで、詳細は米国土木技術者協会の ASCE 7「建築物およびその他の構造物に対する最低の設計用荷重」に書かれている。IBC と ASCE 7 からなる米国の耐震規定の特徴は以下の通りである。(なお、日本の建築基準法とは異なり IBC は米国全土に一律に適用されるのではなく、その採用や変更は各州や市に委ねられている。)

(1) 地盤加速度ではなく構造物の応答加速度を示す地図

設計用地震力は一般的に図 4.25 の設計用加速度応答スペクトル[†] (日本の $Z\,R_t\,C_0$ に相当) から計算される。世界的には、地震動による地盤面の最大加速度 (図 4.25 の点 A) を与えている場合が多いが、構造物の応答加速度が地図上に示されている (これは日本で地震動の大きさではなく C_0 を与えていることに類似している)。

(2) 2 種類の地図上応答加速度

構造物に影響を及ぼす地震は、構造物の固有周期によって異なる。すなわち、低層建築物は小規模でも近くで起こる地震、高層・超高層建築物は遠くで起きても大規模の地震に影響される傾向がある。このため、応答スペクトルが一定の短周期部分を表す周期 0.2(s) の応答加速度 S_S (図 4.25 の点 B) と応答スペクトルが双曲線状に小さくなっていく部分を表す周期 1(s) の応答加速度 S_1 (図 4.25 の点 C) を表す 2 種類の地図がある (なお、S_S は日本の大地震動時の ZC_0 に相当する)。

(3) 大地震動のみに対する設計

[†] 最新の ASCE 7-22 では米国地質調査所 (USGS) のデーターベースから建設地の緯度・経度 (または住所)、地盤種別、危険度 (用途) 区分を入力すると設計用応答スペクトルが曲線 (多周期設計用応答スペクトル) で得られるようになっている。また、図 4.25 の 2 周期設計用応答スペクトルを用いる方法も残されている。

4.13 米国の建築基準と耐震規定の特徴

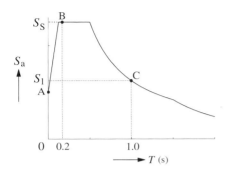

図 4.25 設計用加速度応答スペクトル

日本のように中地震動（稀地震）と大地震動（極稀地震）という 2 種類の地震動ではなく、最大想定地震 MCE[†]（Maximum Considered Earthquake）に対して設計を行う（もっとも、実際の設計では地震力を 2/3 に低減している）。

(4) 設計用地震力の与え方

各階の地震力や地震層せん断力を直接求めるのではなく、ベースシヤ（1 階の地震層せん断力）を求め、それを各階に分配させる（日本では A_i 分布を用いて各階の地震層せん断力を求める）。

(5) 地震力の低減係数

最大想定地震 MCE を目標に設計を行うが、実際には（工学的判断によって）その値を 2/3 倍して設計に用いる（この場合の再現期間は 500 年程度と考えられる）。さらに、日本の構造特性係数 D_s の逆数に相当する応答修正係数（R ファクター）は、最も粘りのあるラーメン構造では $R=8$、すなわち設計の際には地震力を 1/8 に低減する。このため、米国内で地震活動の活発なカリフォルニア州でも設計用地震力は、日本の大地震動または安全限界の地震動（極稀地震）のほぼ 1/2 となる。

(6) 構造物の解析はすべて線形解析

日本では大地震動に対する検証には、プッシュオーバによる非線形（弾塑

[†] 50 年超過確率 2%（再現期間 2475 年）であったが、現在では構造物の 50 年崩壊確率 1%（再現期間に換算すると 4975 年）の目標（危険度）最大想定地震 MCE_R を用いているが、地震動の大きさは MCE とほとんど同程度である（東部では若干大きくなった）。

性）解析によって保有水平耐力を求めるが、米国では（非線形応答時刻歴解析法を除いて）線形（弾性）解析によって部材応力・変形などを求める。

以上の中で、日米最大の相違点と思われるのが (5) の R と D_s である。設計に際して、地震力に対する強度を考慮することに異論はないが、構造的な粘り（靱性）をどのように考慮するかは難しい問題である。強度のみで抵抗する構造に対して、粘り（靱性）の最も大きい構造の場合、米国では 1/8、日本では 1/4 に設計用地震力を低減している。このような相違点は、以前から指摘されているが、今でも耐震設計上の大きな課題である。（2016 年 10 月）

4.14 ISO の地震荷重と日本・EU・米国との比較

ISO 3010「構造物の設計の基本－構造物への地震作用（第 3 版）」(2017 年 3 月) では、建物の i 階の終局限界状態（大地震動時）における設計用水平地震力 $F_{E,u,i}$ と設計用地震層せん断力 $V_{E,u,i}$ を次式のように与えており、設計にはいずれかの式を用いる。

$$F_{E,u,i} = \gamma_{E,u}\, k_Z\, k_{E,u}\, k_S\, k_D\, k_R\, k_{F,i} \sum_{j=1}^{n} F_{G,j} \tag{4.8}$$

$$V_{E,u,i} = \gamma_{E,u}\, k_Z\, k_{E,u}\, k_S\, k_D\, k_R\, k_{V,i} \sum_{j=i}^{n} F_{G,j} \tag{4.9}$$

ここで、$\gamma_{E,u}$ は信頼性に関する荷重係数（重要度係数に相当）、k_Z は地震危険度地域係数（日本の Z に相当）、$k_{E,u}$ は地震動強さ（大地震動の地盤震度で $C_0/2.5$ に相当）、k_S は地盤係数（日本では陽に規定されていない）、k_D は靱性・許容変形・復元力特性・余剰強度などによる構造設計係数（D_s に相当）、k_R は基準化設計用応答スペクトル（$2.5R_t$ に相当）、$k_{F,i}$ は地震力分布係数（限界耐力計算の B_i に相当）、$k_{V,i}$ は地震層せん断力分布係数（A_i に相当）、$F_{G,j}$ は j 階の重力による荷重（通常は固定荷重と積載荷重の和）、n は地上階数である。

以上の係数などを日本の建築基準法令、EU（Eurocode 8）、米国（IBC、ASCE 7）の基準と比較したのが表 4.1 で、若干の相違はあるが、「考え方」は同様である。「考え方」ではなく数値的に比較するのは容易ではないが、あえて行うと次のようになる。

4.14 ISO の地震荷重と日本・EU・米国との比較

表 4.1 地震荷重を求める各種係数の比較

各種係数	ISO	日本	EU	米国
荷重（重要度）係数	$\gamma_{E,u}$	1.0	γ_I	I_e
地震地域係数 地震動強さ[*1] 再現期間 (年)	k_Z $k_{E,u}$	Z $C_0/2.5$[*2] 500[*3]	a_g 地図 a_g 475	S_S, S_1 地図 $S_S/2.5$[*2] 2,500[*4]
地盤係数	k_S	R_t の 3 曲線[*5]	S	F_a, F_v
構造設計係数	k_D	D_s	$1/q$	$1/R$
設計用応答スペクトル	k_R	$2.5R_t$[*2]	k_R と 同様	k_R と 同様
地震力分布係数	$k_{F,i}$	(4.9)式使用 のため不要	1 次モード	逆三角〜 放物線
地震層せん断力分布係数	$k_{V,i}$	A_i	(4.8)式使用 のため不要	(4.8)式使用 のため不要

[*1] 大地震動の地盤震度（地盤の加速度/重力加速度）
[*2] 短周期構造物の加速度応答倍率を 2.5 と仮定
[*3] $C_0 = 1.0$ の再現期間は（地域ごとに異なるが）500 年程度
[*4] 設計には 2/3 倍して用いるので実質的には 500 年程度
[*5] R_t の双曲線部分から地盤係数を第 1 種地盤で 1.0 とすると第 2 種
地盤で 1.5，第 3 種地盤で 2.0 となる。

すなわち、地震危険度の高い地域の硬質地盤に建設する靱性の高い整形な通常（重要度係数 1.0）の低層鉄筋コンクリート造建物について、設計に用いるベースシヤ（1 階の地震層せん断力）係数を求めると次のようになる。

日本では $Z = 1.0$、$C_0 = 1.0$、$D_s = 0.3$ となり、これらの積から 0.3 となるが、保有水平耐力を求める際に非線形解析を行うので（線形解析による水平耐力は保有水平耐力を求めると 2 割程度は増加すると仮定し）、線形解析を行う他の基準と比較する値としての日本のベースシヤ係数は 0.25〜0.3 程度となる。

EU では地震動強さ $a_g = 0.4〜0.5$ (g)、地盤係数は $S = 1.15$、応答倍率 2.5、構造設計係数は（$q = 4.5$ に靱性の大きな場合 1.3 を乗ずる）$1/q = 1/(4.5 \times 1.3)$、これらの積からベースシヤ係数は 0.20〜0.25 となる。

米国では $S_S = 2.0$、地盤係数は D 種地盤で $F_a = 1.0$、設計用の低減係数

2/3、構造設計係数は $1/R = 1/8$ となり、これらの積からベースシヤ係数は 0.17 となる。

以上より、設計用ベースシヤ係数は大きい方から日本の 0.25〜0.3、EU の 0.20〜0.25、米国の 0.17 となり、（数十年前よりは相違はかなり小さくなってきているが）まだ大きな相違がある。このような相違は、設計に用いる地震動の大きさの他に、構造設計係数（靭性・構造的な粘りなどによる低減係数）をどのように評価するかなどに起因する。

特に、米国では再現期間 2,500 年の大きな地震動を考慮しているが、設計に用いる際に 2/3 倍し（この再現期間は 500 年程度）、さらに靭性の高い構造では 1/8 に低減するので、結局この比較の中では最小の設計用ベースシヤ係数を用いていることになる。

ISO 3010 は日本の JIS として採用される予定[†]で、その中で日本が長年培ってきた耐震技術を反映させるならば、（現在では海外で用いられることがほとんどない）日本の耐震規定が海外でも用いられる契機になるのではないかと期待している。（2019 年 7 月）

4.15　JIS A 3306 となった ISO 3010「構造物への地震作用」

ISO 3010「構造物の設計の基本−構造物への地震作用」は若干修正され 2020 年に日本産業規格 JIS A 3306「建築構造物の設計の基本−構造物への地震作用」（図 4.26）となった（日本工業規格の英語表示 Japanese Industrial Standard は変わらないが 2019 年から日本産業規格となっている）。

地震作用の ISO は日本が主導的な立場で作業を行い原案を作成したが、これは各国から賛同を得ることができなかった。その後、大沢胖（東京大学教授）がワーキンググループ（WG）の主査として作業を行い、次に松島豊（筑波大学教授）が主査を引き継ぎ 1988 年にようやく初版が発行された。

建設省建築研究所で新耐震設計法（新耐震）の作業を行っていた時に、当時同僚であった松島さんからタイプ書きの ISO 3010 の案について意見を求められたことがあったので、原案から初版までには 10 年以上も要したこと

[†] 次節で説明しているように 2020 年に JIS A 3306 となった。

4.15 JIS A 3306 となった ISO 3010「構造物への地震作用」

図 4.26 2020 年制定された JIS A 3306 の表紙

になる。

ISO 3010 には 2 つの限界状態があり、その両方の検証を行い、構造物の安全性を確認することになっている。すなわち、(1)「使用限界状態」（SLS: Serviceability Limit State）は構造物の供用期間に数度は経験する中地震動に対して構造物はほぼ無傷であること、(2)「終局限界状態」（ULS: Ultimate Limit State）は極々稀に起こるかも知れない大地震動に対して構造物は損傷しても倒壊しないようにし、人命を守ろうとする考え方である。このように2 段階の検証を行う設計法は日本の新耐震や限界耐力計算、ヨーロッパの構造基準であるユーロコードとほぼ一致している（なお、米国の基準では (2) のみを検証する規定である）。

使用限界状態で想定している中地震動に対しては、構造物は強度で耐えるように設計する。終局限界状態で想定している大地震動に対しては、構造物は強度のみでは耐えることができなくとも、構造物の粘り（靱性）によって耐えるように設計する。このために用いる構造設計係数 k_D は日本の構造特性係数 D_s とほぼ同じものである。以上のように、日本の耐震設計法とほぼ同じ設計法となっている。

ISO の規格は（必ずしも守られてはいないが）5 年ごとに見直すことになっ

ていて、ISO 3010 の改訂には私が主査を引き受けることになった。eメールはなかった頃なので、原稿をワープロ（途中からパソコン）で作成し、各国のメンバーに印刷物で郵送し、印刷物で意見を交換しながら改訂案を作成し、2001 年に第 2 版ができた。次の改訂も私が主査をすることになり、2017 年に第 3 版ができた。この際には e メールを使うことができたので、作業は以前より大分楽であった。

　さて、3 年程前に ISO 3010 を JIS にする話が持ち上がり、ISO 2394「構造物の信頼性に関する一般原則」と共に 2020 年に ISO 3010 は JIS（図 4.26）となった次第である（個人的にはこの JIS 発行がお世話になった元 WG 主査お二人の故「ゆたか」先生への恩返しとなって欲しいと思っている）。JIS になったからといって、建築基準法の体系には入っていないので、すぐに実際の設計に用いられることはない。しかし、これを契機に日本の耐震規定が国際的にも採用され易いように見直され、日本が長年培ってきた耐震構造技術が世界的にも活用されるようにと期待している。（2021 年 4 月）

4.16　建物の整形・不整形を表す剛性率

　1 階は店舗・駐車場、上の階は住宅・事務所のような建物は地震時に 1 階が崩壊する被害を受けることがある（図 4.27）。この原因は、1 階には壁で仕切られていない広い空間が必要で、上階は壁によって小さな部屋に分割されていることが多く、上階の耐震性は高いが、1 階の耐震性は低いからである。

図 4.27　不整形のため 1 階が崩壊した建物（1995 年阪神・淡路大震災）

建物の耐震性が部分ごとに異なることを示す「不整形」、英語では（日本人

4.16 建物の整形・不整形を表す剛性率

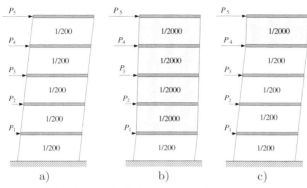

図 4.28 地震力 P_i を受ける建物の層間変形角

には発音が難しい)"irregularity"(イレギュラリティ)という用語がある。不整形の意味は何となく分かるが、具体的にはどう示すのであろう。整形・不整形は立面的にも平面的にもあるが、ここでは立面的について説明する。

図 4.28 は水平方向に地震力 P_i を受ける 5 階建の建物の変形を示していて、図中の 1/200, 1/2000 は各階の水平変形をその階の高さで除した「層間変形角」である。a) は各階の層間変形角が同一で整形な建物、b) は 2 階以上に壁があるが 1 階には壁がない不整形な建物、c) は 5 階のみに壁がある建物である。

建築基準法の耐震規定では、層間変形角を $1/r_s$ として、剛性率 $R_s = r_s/\bar{r}_s$ ($\bar{r}_s$ は r_s の相加平均)によって不整形の度合いを表している。一部の階の変形が極端に大きくならない(地震被害がその階に集中しない)ように、各階の剛性率 R_s は 0.6 以上とする制限を設け、0.6 を下回る階は図 4.29 に示す形状係数 F_s によってその階の保有水平耐力を割り増す規定である。

不整形の度合いを数値で示している点では、日本の規定は海外の規定よりも優れているが、以前から不満に思っている点がある。図 4.28a) は整形で、すべての階で $R_s = 1.0$, $F_s = 1.0$ となる。b) は 1 階で $R_s = 0.12$, $F_s = 1.8$ となり、1 階のみ保有水平耐力を 1.8 倍に割り増す。これについては(1.8 が適切かどうかは分からないとしても)納得できる。しかし、c) の場合は 1〜4 階で $R_s = 0.36$, $F_s = 1.4$ となり、最上階の剛性が大きいため、その下のすべての階の保有水平耐力を 1.4 倍する必要があり、これには納得できない。

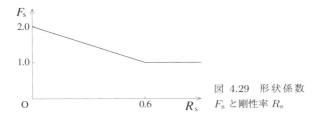

図 4.29 形状係数 F_s と剛性率 R_s

この原因は、剛性の低い階の影響を考慮すべきなのに、剛性の高い階の影響を過大に評価しているからである。これを解決するためには、層間変形角の逆数 r_s ではなく、層間変形角 $1/r_s$ の相加平均を用い剛性率を求めるのみでよい。このようにすると、図 4.28 b) で $F_s = 1.4$、c) で $F_s = 1.0$ となり、納得できる値となる。

このようなことは新耐震施行直後から指摘されていたが、いまだ改正に至っていない。今となっては、$\bar{r}_s$ は r_s の「相加平均」という厳密な表現ではなく、単に「平均」となっているのであれば、相加平均の代わりに調和平均（逆数の相加平均の逆数）を用いることができ、この問題は上述のように解決する。このことを（40 年以上も前になるが）新耐震の原案作成時に指摘できなかったことを悔やんでいる。（2021 年 7 月）

4.17 設計用地震力の分布を表す A_i の導き方

1981 年から用いられている日本の耐震規定（「新耐震」設計法）では、上階ほど大きくなる設計用地震力（地震層せん断力係数）の分布を次の A_i で表している。

$$A_i = 1 + \Big(\frac{1}{\sqrt{\alpha_i}} - \alpha_i\Big)\frac{2T}{1+3T} \tag{4.10}$$

ここで、α_i は i 階の基準化重量、T は（高層になるほど大きくなる）建物の固有周期 (s) である。

A_i をグラフで示したのが図 4.30 a) で、（T の値に応じて）複数の曲線（$T = 0$ の場合は直線）となっている。A_i に α_i を乗じると図 4.30 b) の 1 階で 1 となる（基準化）地震層せん断力 $Q_i/Q_1 = A_i \alpha_i$ となる。いずれも縦軸が基準化重量 α_i で、低層・超高層にかかわらず最上階で最小、1 階で最大の

4.17 設計用地震力の分布を表す A_i の導き方

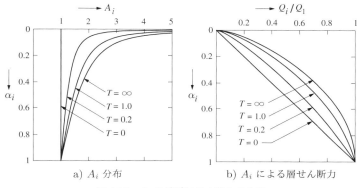

a) A_i 分布   b) A_i による層せん断力

図 4.30 A_i と地震層せん断力の分布

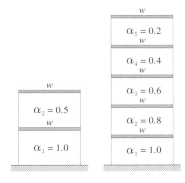

図 4.31 各層等重量の2層と5層建物の基準化重量 α_i

1.0（図 4.31）となる非常に便利なパラメータである。

図 4.30 b) は左上端から右下端を結ぶ上に膨らんだ複数の曲線からなっている。これらの曲線は図 4.32 の実線の直線 a（式で表すと α_i）、破線の（左に開いた）放物線 b（式で表すと $2\alpha_i - \alpha_i^2$）、点線の（上に凸の）放物線 c（式で表すと $\sqrt{\alpha_i}$）を組合せたもので、放物線 b と直線 a の差を d_1、放物線 c と直線 a の差を d_2 とすると、これらの曲線は直線 a に $k_1 d_1$ と $k_2 d_2$ を加えたものとして次のように表すことができる。

$$Q_i/Q_1 = \alpha_i + k_1 d_1 + k_2 d_2 \\ = \alpha_i + k_1(\alpha_i - \alpha_i^2) + k_2(\sqrt{\alpha_i} - \alpha_i) \tag{4.11}$$

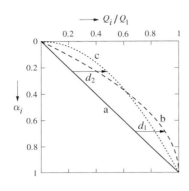

図 4.32 A_i を構成する 3 種の地震層せん断力分布 (a, b, c)

上式を α_i で除すと次の層せん断力係数が得られる。

$$(Q_i/Q_1)/\alpha_i = 1 + k_1(1-\alpha_i) + k_2\left(\frac{1}{\sqrt{\alpha_i}} - 1\right) \qquad (4.12)$$

上式で $k_1 = k_2 = 2T/(1+3T)$ とすると (4.10) 式となる。

A_i をこのようにして導いたが、(海外の耐震規定でよく用いられている) 高さ h の代わりに α_i を用いていることには是非注目して欲しい。図 4.32 の直線 a (旧耐震で用いられていた建物の上階も下階も同様に揺れる「震度一様分布」)、曲線 b (世界各国で用いられている上階ほど直線的に大きく揺れる「震度逆三角分布」)、曲線 c (基礎固定一様せん断棒が基礎にホワイトノイズを受ける際の層せん断力の分布で超高層の鞭振り現象を表す「$\sqrt{\alpha_i}$ 分布」) を容易に式で表すことができ、上に示したように式の誘導も容易になる。なお、超高層の鞭振り現象を表すため最上階に集中地震力 (ニュージーランドの規定ではベースシヤの 8%) を加える規定もあるが、$\sqrt{\alpha_i}$ 分布の方が適用範囲が広い。しかし、基準化重量 α_i や $\sqrt{\alpha_i}$ 分布を耐震規定に取り入れている国は日本のみである。

A_i の最後の $2T/(1+3T)$ については、$T=0$ とするとこの値が 0 となるので $A_i = 1.0$ (図 4.30 a, b の直線と図 4.32 の直線 a) となり、T が大きくなると図 4.32 の曲線 b と c の影響が徐々に大きくなる。$T = \infty$ では $2T/(1+3T) = 2/3$ となり、これは T がいくら大きくなっても中間階の地震層せん断力が最下階よりは大きくならないようにした結果である。

A_i は用いられてから 40 年以上も経過している。今振りかえると、(4.11)

式の表現はよいが $k_1 = k_2 = 2T/(1+3T)$ としたのは旧耐震に拘りすぎたかも知れない。$2T/(1+3T)$ の中の 1 は必ずしも 1 である必要はなかったが、たまたま 1 として計算してみた結果、良さそうな式となり提案した次第である。最後に、T の代わりに地盤周期 T_c を用いて $0.6T/T_c$ としておけば（第 2 種地盤では A_i と同一になる）、もう少し洗練された式になったとも思っている。（2022 年 1 月）

4.18 耐震性を向上させる強度と靭性、どちらも重要であるが・・・

19 世紀後半から始まった地震学・地震工学の研究は 20 世紀に大きく発展した。しかし、21 世紀になっても地震による被害が頻繁に発生している。この原因について考えてみよう。

地震により地面が揺れることによって構造物には慣性力としての地震力が生じる。地震動の揺れはどの方向にも生じるが、構造物に被害を生じさせるのは主に水平方向の揺れである。構造物には常に自重 W（図 4.33 の下向きの矢印 W）が下向きに作用しており、それに対して構造物を安全に造るのは当然で、昔からそのように構造物を（経験的に）造ってきた。しかし、通常は作用していない水平力は、地震や台風などの時にのみに生じ、それに対して構造物は安全でないことが多く、このため被害が生じる。

構造物に生じる加速度が重力加速度の k 倍とすると、水平力は kW となる。日本ではこの k の値を関東大震災の翌 1924 年に市街地建築物法の改正で 0.1 と決めた（図 4.33 の右向きの矢印 kW）。この値は 1945 年の建築基準法では 0.2 となった（これは構造材料の許容応力度を従来の 2 倍としたためで、地震に対する安全性を高める改正ではなかった）。更に、1981 年に導入された新耐震設計法では、極稀に起こる大地震動を考慮し 1.0 と大きな値と

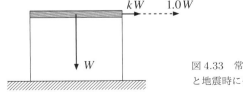

図 4.33　常時作用している自重 W と地震時に作用する水平力 kW

なった（図 4.33 の右向きの点線の矢印 1.0W）。これでも最大ではなく、2.0
を越えることも近年記録されている。

　このように設計に用いる地震力が大きくなってきた原因は 2 つある。すなわち、(1) 構造物に生ずる加速度は構造物が振動することで増幅し、短周期（低層）構造物では地面の 3 倍程度は大きくなる。(2) 地震観測網が整備（各地に地震計が設置）され、大地震動が多くの場所で記録されるようになり、その大きさは以前考えていたよりもっと大きいことが分かってきた。

　このように、考えていたよりも大きな地震力が構造物に作用することが分かってきたが、実はそれに対して構造物が壊れないように造ってはいない。大地震が起こった際には構造物はかなり壊れても、何とか人命だけは守るという考え（願望）が、世界のどの耐震規定にも取り入れられている。すなわち、大地震による地震力を構造物の粘り（靭性）という曖昧とも思える性質に期待し、大幅に低減しているのである。

　このような考え方に賛同できるとしても、靭性というものに頼り「地震力をどの位低減している」と皆さんは思います？ 1〜2 割減でしょうか、それとも 1/2〜1/3 でしょうか？

　この低減は各国の耐震規定で大きく異なり、（靭性の最も大きな構造について）米国では 1/8、ユーロコードでは 1/6、日本でも 1/4 に低減しているのである。

　もちろんこれを実現させる方策も考えられていて、例えば鉄筋コンクリート構造の場合、柱や梁に材軸方向の主筋（縦筋）とそれに直交するせん断補強筋（横筋）を多く入れる。時には、過剰と思えるほど鉄筋を多く入れ、コンクリートが隅々まで充填されないなどの欠陥が生じることもある。それでも大被害が生じ、その度に耐震規定の改正が行われているが、思うようには地震被害は小さくなっていないのが実状である。

　個人的には靭性に頼り過ぎるのではなく、せいぜい日本の規定程度（靭性による低減を 1/4 程度）にすれば、被害を大幅に小さくすることができると思っている。靭性が重要であることには間違いないが、強度を高める方が確実に耐震性が向上し、人命を守り地震後の復旧も容易になると思っている。

（2024 年 4 月）

第 5 章

海外について

5.1 ギリシアの地震対策あれこれ

　ヨーロッパ諸国では（すべてではないが）通貨をユーロに統一し、その他の面でも統一の動きがある。例えば、建築物やその他の構造物の設計基準であるユーロコード (Eurocode) は 2005 年中に各国で批准される予定である。その中の耐震設計に関する会議が 2005 年 3 月に行われ、オブザーバーとして参加した。会議はギリシアでは人口が 3 番目に多いパトラスで開催され、その間に見聞したことを紹介したい。

　ギリシアでは（日本ほど頻繁ではないが）地震が起こるので、ヨーロッパの中では耐震に対する関心が高い。2004 年に開通したパトラス近郊の斜張橋

図 5.1　最新の耐震設計を行った斜張橋（リオン・アンチリオン間）

(図5.1)には、最新の耐震設計が行われていた。すなわち、近郊に起こると予想される地震を設定し、それによる地震動に対して設計を行い、さらに地震断層により橋脚が水平に2m、鉛直に1mずれても支障がないように造られている。このために、積層ゴムの免震支承やダンパーも多数用いられていた。

会議後に行ったオリンピアは、パトラスから車で2時間ほどで、遺跡と観光客のためのホテルが中心の小さな町である。2004年アテネ・オリンピックに合わせて、遺跡や博物館が整備され、博物館の中で最も貴重な彫刻は免震装置の台の上に設置されていた(図5.2)。外観からは詳細には分からないが、滑り支承の免震装置を用いている。

遺跡には、古代オリンピックが開催された競技場の他に神殿などがある。神殿は地震によって崩壊したといわれているが、柱が全て外側に向かって倒

図5.2 最も貴重な彫刻は免震台の上(オリンピアの博物館)

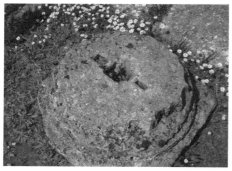

図5.3 オリンピア神殿遺跡の柱の最下部(右側のだぼ穴には金属製の「だぼ」半分が残っていた。)

れているので、外敵が故意に引き倒したのではないかともいわれている。神殿などは（大理石ではなく）砂岩のような老朽化しやすい岩石でできているため、崩れ落ちている個々のユニットの老朽化が激しく、それらを単にもとの位置に戻すだけでは、復元できないような状態であった。

さて以前、この欄（2003年6月[†]）でアテネにある遺跡のパルテノン神殿について、「柱は一体ではなく、直径約2m・高さ約1mのユニットを10段ほど積み重ねたもので・・・各段の重なる面の中央には1辺10cm・深さ5cm程の正方形の穴があり、これに「だぼ」を入れて各段がずれないようにした・・・（管理人に聞くと、多分だぼは木材とのことだった。）」と書いた。しかし、だぼが木材であったのかについては疑問を持っていたので、パルテノン神殿とほぼ同様の構造であるオリンピアの遺跡を注意して見ていたところ、だぼ穴に青銅と思われる箱状のものが残っていた（図5.3）。このことで、だぼがすべて金属製であったとは断定できないが、疑問点が少し解消し、ちょっとした満足感にひたされて帰国した次第であった。（2005年6月）

5.2　ベルギーの旧首都ルーヴァン

ISOの中で「構造物の設計の基本」を扱う専門委員会TC98のワーキンググループの会議に出席するため、ベルギーの首都ブリュッセルから列車で30分程のルーヴァンを2005年4月に訪れた。手元のガイドブックには、ブリュッセルの説明が69頁もあるのに、ルーヴァンはわずか2頁で、その他の予備知識がない状態で当地に向かった。ところが市内を歩いたり、当地で購入したガイドブックなどからルーヴァンが14世紀頃までは事実上の首都で、市内には当時の面影を残す多くの建物もあることなどが分かった。

ルーヴァンの人口は約9万で、その1/3近い2万7千人が1425年に創立されたベルギー最大の総合大学ルーヴァン・カトリック大学の学生である。市の中心にあるゴシック様式の市庁舎（図5.4）はヨーロッパでも指折りの美しい建物である。すぐ近くに、噴水となっている愛敬たっぷりの彫刻（図5.5）があり、これは本を読み頭に知識を蓄えていることを象徴しているが、飲み過ぎて頭の中までビール漬けとの皮肉な解釈もある。

[†] 石山祐二『建築Jウオーク』4.18節、三和書籍、2005年3月

図 5.4 ルーヴァンの市庁舎

図 5.5 噴水となっている彫刻 Fonske

　市内観光についてたずねると、言語は公用語のフランス語とオランダ語の他にはドイツ語とスペイン語のみであった。英語での説明は観光シーズンではないので行っておらず、時間的にも余裕がなかったので市内観光は断念したが、4 か国語の中に英語がないことを知り、ヨーロッパの一面をかいま見た感じがした。

　さて、新しいホテルは世界中どこも同じで、ホテルの中にいると、どの国を旅行しているのか分からないことが多い。一方、古い建物のホテルに泊まると、設備などで多少不便なこともあるが、色々なことに気が付く。宿泊した駅前のホテル（図 5.6）はゴシック様式の古い建物で、室内の仕上げや調度品は質素であったが、天井高は 4m 以上で、最近の天井高の低いホテルに比べ、開放感は抜群であった。エレベーターがないため、毎日利用した階段

5.2 ベルーギーの旧首都ルーヴァン

図 5.6 宿泊した駅前のホテル

図 5.7 ホテルの階段

（図 5.7）はヨーロッパの映画にでてくるような典型的な様式で、建築を学び初めた時に覚えた用語を思い出し、ついでに英語も復習してみた。

階段（stair, staircase）の段（step）を構成する水平な部分が踏板（tread）でその表面を踏面（これも tread）、垂直になっている部分が蹴込板（riser）で、段の高さを蹴上（rise）という。階段があまり長いと転げ落ちた時などに危険である。このために設ける階段の途中の水平な部分や階段の方向を変える部分を踊り場（landing）という。年を取ると利用することが多くなるのが手摺（handrail）で、手摺を支える縦の桟が手摺子（baluster）である。手摺子のある場合は、手摺と手摺子を含め balustrade というが、最近はこのような階段が少なく、機能的ではあっても情緒のないものが多くなり、ちょっと寂しく思っている。（2005 年 8 月）

5.3 ユーロとユーロコード

ヨーロッパでは2002年から統一通貨ユーロ（Euro）が欧州連合（EU）加盟25カ国中の12カ国で用いられている。残りのEU加盟国は条件が整い次第ユーロを用いることになるであろうが、イギリス、スウェーデン、デンマークは将来とも自国の通貨を用いる意向のようである。（なお、スイス、ノルウェー、アイスランドはEUに加盟しておらず、ユーロを用いる予定もない。）ユーロ圏12カ国の人口や国民生産は米国にほぼ匹敵し、日本の2倍程度で、国際債券や外国為替の1/3程度を占めており、国際通貨としての価値が次第に高まっている。

以前はヨーロッパを旅行する際に、訪れる国に合わせて通貨を換える必要があり、慣れない通貨での値段は高いのか安いのかすぐに分からないことが多かった。現在では、ユーロ圏を旅行している限りは、このような煩わしさもなくなり、交換する度の手数料も不必要となった。

図5.8 10ユーロ紙幣の表面と裏面

1ユーロは約145円（2006年6月）で、補助単位のセントはその1/100である。紙幣には5, 10, 20, 50, 100, 200, 500ユーロがあり、硬貨には1, 2, 5, 10, 20, 50セントと1, 2ユーロがある。紙幣の図柄は共通で、硬貨の片面も共通である。しかし、硬貨のもう一方の面には各国で選んだ独自のデザインが施されており、統一通貨を用いることになっても、EUが独立した国の集まりであることをささやかながら示している。もちろん、どの硬貨も全てのユーロ参加国で使用できる。

紙幣の図柄に人物像を用いている例は外国でも多いが、ユーロ紙幣には表に建築物、裏に橋とヨーロッパの地図が描かれている（図5.8）。これは、人

5.3 ユーロとユーロコード

物像を用いると特定の国を象徴することになるので、ヨーロッパ全体の文化や歴史を示すための工夫であろうが、人物像に比べて印象が薄く、紙幣の（数字と色彩を除く）図柄のみからどの紙幣かをいい当てることのできる人はほとんどいないのではないかと思っている。

さて、ユーロ紙幣の図柄は、ユーロコード（Eurocode）を意識しているように思える。コードは法典・規準・暗号・記号などを意味し、ユーロコードとは建築物やその他の構造物の設計に関するヨーロッパ統一基準である。その構成は次のようになっている。

ユーロコード 0　構造設計の基本、
ユーロコード 1　構造物への作用
ユーロコード 2　コンクリート造建築物の設計
ユーロコード 3　鋼構造建築物の設計
ユーロコード 4　鋼コンクリート複合構造建築物の設計
ユーロコード 5　木造建築物の設計
ユーロコード 6　組積造建築物の設計
ユーロコード 7　地盤基礎の設計
ユーロコード 8　構造物の耐震設計

私自身は ISO の地震荷重の作成に携わってきた関係で、ユーロコード 8 の会議にオブザーバーとして時々参加している。2006 年 6 月にはイタリアの北部にあるイスプラでこの会議があった。イスプラにはヨーロッパの共同研究施設（JRC: Joint Research Centre）の大部分があり、原子力関係の施設であったものが、現在では環境問題や安全性を含む生活に関する幅広い活動を行っている。JRC にはイスプラの他に、規模は小さいがベルギー、ドイツ、オランダ、スペインにも研究所があり、職員数は全体で約 2300 名である。

さて、ユーロコードの進捗状況は、2006 年 6 月時点で約 90% が完成し、残りの部分は各国からの意見をもとに修正中で、2006 年中にすべてが完成する予定である。ユーロコードは英語で作成され、同時にフランス語とドイツ語版も正式に作成されるが、その他の言語（EU 加盟 25 カ国の公式言語は 20）への翻訳は各国自身が行うことになっており、この翻訳作業は 2007 年中に終わるはずである。そして、2010 年からはヨーロッパ全体でユーロコードを用いることになっている。実際は、現在用いている自国の基準を併用しなが

ら、若い技術者がユーロコードを学び、そのような技術者が大半を占めるようになった時に、ユーロコードが本当にヨーロッパ全体で用いられることになるのであろう。ヨーロッパ以外の国でも、ヨーロッパの基準が用いられていることも多く、それらの国がユーロコードを将来用いることが予想されるので、ユーロコードの持つ意義は世界的にも非常に大きい。

最後に、ユーロ、ユーロコードの次にヨーロッパで統一されるのは何であろうかと考えているが、ヨーロッパのみのためではなく、世界的にも有益なものであって欲しいと願っている。（2006年8月）

5.4 ベルリンの壁はプレキャスト・コンクリート製だった!

2006年11月に国際標準化機構 ISO の TC98「構造物の設計の基本に関する委員会」のためベルリンを訪れた。日本を出発する前から、気になっていたのはベルリンの壁のことであった。

第2次世界大戦後、ドイツはソ連軍に占領された東ドイツと米英仏の連合軍に占領された西ドイツに分断された。東ドイツの中に位置している首都ベルリンも、ソ連が支配する東ベルリンと米英仏が支配する西ベルリンに分断された。

分断された当初は壁もなかったため、次第に東ドイツから西ベルリンを経由して西ドイツに逃亡する人が増加していった。これを阻止するため、東ドイツは西ベルリンを塀で囲った。この塀が「ベルリンの壁」である。

この壁は突然1961年8月13日からわずか数日で建設された。当初は東西に分断するための南北の有刺鉄線の柵で、その長さは約45km であったが、すぐに西ベルリン全体を取り囲むため総延長は約155km となった。有刺鉄線の柵は、その後次第に石造のように頑丈なものに置き換えられ、最終的には高さ3.6m、幅1.2m のプレキャスト・コンクリート製の L 型パネルを横に連結したものに置き換えられていった。

ベルリンの壁が建設された後は、西ベルリンは大海の中の孤島のように共産圏の中に取り残され、生活物資など全てを西ドイツからの空輸に頼っていたのである。

5.4 ベルリンの壁はプレキャスト・コンクリート製だった！

図 5.9 記念として残されているベルリンの壁（L字型の PC パネルを横に連結し、鉄筋は縦横ダブルに配されている。）

　ベルリンの壁の建設も突然であったが、その崩壊も突然であった。1989年11月9日に東ドイツは外国旅行自由化法を制定し、そのことをテレビで知った（当時でも東西ベルリンで同じテレビ番組を見ることができた）市民が検問所に多数押しかけ、東西ベルリンを往来し始め、これが引き金となって壁が取り壊されたのである。

　ベルリンの壁が存在したのは 28 年間であり、長い歴史から見ると第2次世界大戦後の一時期にドイツとベルリンが東西に分割されていたということが残る程度かも知れない。しかし、ベルリンを分断された以降は、家族・友人・恋人でも自由に会うことができなくなり、死を覚悟し塀を乗り越えたり、地下道を掘ったりして逃亡した人も多いが、見つかって殺害された人も少なくない。なお、ベルリンの壁は 1 枚ではなく、図 5.9 で示した西ベルリンに面するパネルの後には、警備のための無人地帯と更に別の壁もあり、東側からは西側に面している壁に近づくことさえ難しかった。

　日本は戦後に分割されることはなかったが、もし終戦の時に、ソ連軍が北方領土のみではなく、北海道から本州の半分くらいまで侵攻していたならば、例えば新潟県・長野県・静岡県より東はソ連軍、富山県・岐阜県・愛知県より西は連合軍または米軍が単独で支配することになっていたであろう。そして、首都の東京は両者の支配下となり、例えば山手通りを境に東西に分断され、ドイツとベルリンのような状態が起こったかも知れないのである。

　幸い日本は分断されなかったが、現在も分断されている朝鮮半島のことが気になる。どうしたら統一できるかなどと考え、ベルリンの壁が取り壊され

156　　　　　　　　　　　　　　　　　　　　第 5 章　海外について

た時のことを考えると、同じテレビ番組、いや同じラジオ番組でも朝鮮半島
全体で自由に視聴することができるならば、すぐにでも統一の行動が市民か
ら起こるはずと思っている。（2007 年 2 月）

5.5　アジアとヨーロッパを結ぶ建設中のトンネル

　2009 年 7 月にトルコのイスタンブール市で行われたユネスコ IPRED
（International Platform for Reducing Earthquake Disaster：地震災害軽減
のための国際プラットホーム）のワークショップに出席した。前日には、ヨー
ロッパとアジアを結ぶ鉄道トンネル工事の視察があった。

　イスタンブールはボスポラス海峡によってヨーロッパ側とアジア側に分か
れている。この長さ約 30km の海峡は北側の黒海と南側のマルマラ海を結ん
でいる（マルマラ海はエーゲ海、地中海へとつながっている）。海峡の最小幅
は約 700m で、アジアとヨーロッパを結ぶ架け橋として現在 2 つの道路橋が
架かっている。

　イスタンブールは周辺を含め人口 1000 万以上の大都市で、2 つの橋や一般
道路の交通渋滞が問題となっている。このため、新たな橋を建設する計画も
あったが、景観の問題と道路交通を減らすため、鉄道で結ぶことになった。
マルマラ海に沿う全長 76.3km の鉄道建設プロジェクトの内 13.6km がトン
ネルで、その中の 1,387m が海底の沈埋トンネルである。

　沈埋トンネルの断面は鉄道 2 車線を通すように日の字を横にした形状で、
高さ 8.75m、幅 15.5m である。全長 1,387m を 11 に分割し、鉄筋コンクリー
ト製の箱形ケーソン（長さ 135〜98.5m）をドックで製作し、（両端は海水が
入らないように塞ぎ）船で曳航し、海底に掘られた溝に設置し、次々と隣の
ケーソンと（海水が入らないようにしながら）結合していく。設置された沈
埋トンネルは、海流で動かされないように、また沈没した船によって破損し
ないように、土砂で埋め戻される。このトンネルの最も深い場所は海面下
60.46m で沈埋トンネルとしては世界一の深さである。

　2004 年に建設が開始された当初の計画では 2009 年には完成の予定であっ
たが、現在も建設中で完成は 2012 年の見込みである。沈埋トンネルの説明を
受けた時には、工事の遅れはこのトンネル建設の技術的な問題が原因と思っ
た。ところが、沈埋トンネルは既に完成しており、それに接続するトンネル

図 5.10　沈埋トンネルへと続くトンネルの入口

工事（図 5.10）も、もう少しで完成する段階であった。結局、工期の遅れは、陸地に鉄道の駅舎を建設する際に見つかった遺跡のためであった。

　工期延長には様々な問題が生じるのではと思い、現場の日本人技術者に聞いてみた（円借款による工事は日本とトルコの建設会社との共同で行っている）。この工事契約書には遺跡が発見された時のことが最初から書かれているので、問題は少ないとのことであった。もっとも、工期の遅れによる経費はトルコ政府の負担であるが、どの部分まで負担するかについての議論はあるかも知れないとのことであった。

　プロジェクトの遅れや遺跡がある場所に鉄道を建設することには、批判や反対もあったに違いない。しかし、ボスポラス海峡をトンネルで結ぶ最初の計画は 1860 年にあり、このプロジェクトによって長年の夢が実現されることになる。また、この工事がなければ遺跡を見つけることもできなかったので、むしろ遺跡が見つかりその調査ができるというメリットもあるので、工事全体が好意的に受け取られているようであった。日本では大規模な建設工事に対する厳しい批判が多い中、日本の建設会社が中心となっているこのプロジェクトについては、なんとなく安堵しながら説明を聞いた次第であった。（2009 年 8 月）

5.6　清潔で安全なシンガポール

　インド、インドネシア、日本からのメンバー 3 名がシンガポールで、2011 年 3 月にノン・エンジニアド建物の耐震性を高めるガイドラインの改訂作業

を行った（本連載の 2010 年 4 月で紹介、3.4 節参照）。シンガポールを初めて訪れたので、その際に感じたことを述べてみたい。

シンガポールはマレー半島の南端の島が国土で、マレーシアとは橋で繋がっている。1965 年にマレーシアから独立したシンガポールの人口は約 500 万人で、1990 年代半ばに先進国となっている裕福な国である。

デパート、専門店が道の両側に並んでいるオーチャードロードは銀座やハワイのワイキキより広く活気が満ちている。道路はきれいに清掃されており、路上のゴミを見つけることが難しいくらいである。街を歩いていて不安を感じることはなく、犯罪が少ない安全な国である。もっとも、犯罪が全くない訳ではないので注意が必要とガイドブックには書いてある。

安全で清潔であることが主要産業の貿易・金融というビジネスにも観光にも直結しているので、色々な規制や罰則も厳しい。例えば、自転車に乗ったままでの通行が禁止されている地下道では、違反すると罰金が 1000 ドル（約 7 万円）である（図 5.11）。街や公園の中でペットを連れている人を全く見かけないし、もちろん犬の落とし物も見ることはない。この理由は、ペット類は自分の敷地内のみで飼育が許されているからである。

建物の外観は日本に比べてカラフルで、アルゼンチンのカミニートのように外壁をあざやかな色彩に塗り分けている場所もある。建物形状もいろいろで、構造的に整形な建物は少なく、どこかに不整形な部分がある。建物を耐震的にするためには、建物形状は整形な方が好ましいが、地震があまり起こらない当地では、そのようなことを全く考えている様子がない。それより、建物が直方体のような整形に見えても、どこかに変化を付け、あえて不整形に

図 5.11 自転車の通行禁止、罰金千ドル

5.6 清潔で安全なシンガポール

図 5.12 マリーナ・ベイ・サンズ・ホテル

図 5.13 ミニ・マーライオン（後方が建設中のホテル）

している。

イギリス領時代の旧い建物もあり、また近代的な建物も多く、街を単に歩いているだけでも楽しい。2010 年にオープンしたマリーナ・ベイ・サンズ・ホテル（図 5.12）は遠く離れた所からも人目を引く。55 階建の 3 棟の合計で 2561 の客室があり、最上階にはサーフボートのような形状の屋上庭園が 3 棟の上に乗っている。

最後に、有名なマーライオン像であるが、それを取り囲むように（数ヶ月間使用する臨時的な）一客室のホテルが建設中のため見ることができなかった。その代わりにすぐ近くにあるミニ・マーライオン（図 5.13）の写真を撮っている観光客が多かった。シンガポールの名所であるマーライオンとスコールで閉鎖されていた屋上庭園を見ることができなかったので、次回の楽しみに残しておこうと思って帰国した。（2011 年 4 月）

5.7　リスボンは石畳の美しい街、しかし・・・

　世界地震工学会議（WCEE）は4年ごとに開催されており、2012年9月の第15回開催地はポルトガルの首都リスボンで行われた。ポルトガルには地震は起こらないと思っている人も多いかも知れないが、1755年にリスボン大地震が起きている。約1週間の会議には、3千名を超える研究者や技術者が参加し、研究論文の発表や講演会などが行われた。会議に参加し、前後にリスボン市内や郊外を訪れ、その際に感じたことの一端を紹介したい。

　ポルトガルは15世紀から始まった大航海時代の先駆者で、日本にキリスト教や西洋の文化を最初に伝えた国である。ポルトガルの全人口は1000万強、リスボン市は50万程度であるが、近隣の都市を加えると200万を超える都市である。リスボンには旧い建物が多く残されており（図5.14）、近代的な建物も多いが、旧い建物の外観をのみを残し改築された建物も多い。街を歩いてすぐに気が付くのが石畳で、公園や歩道の他に車道も石畳で舗装されている部分がある。石畳には10cm角位の白い石が主に用いられているが、黒い石で模様や文字を形取っている部分もある（図5.15）。

　2週間の滞在中に1日は傘が必要なくらいの雨が降ったが、その他は日本ではめったに見られないような、どこまでも透き通った青空であった。リスボンの街並みは、趣のある建物を左右に見ながら、単に散歩していても楽しい。食事も美味しく、ビールやワインも安価、治安もよく、これらの点では

図5.14　リスボンには旧く趣のある建物が多い。

5.7 リスボンは石畳の美しい街、しかし・・・

図 5.15 幾何学模様の石畳が印象的である。

図 5.16 石畳にはポイ捨ての吸い殻が目立つ。

文句の付けようがない。

しかし、残念なことに煙草のポイ捨てが多いのである。いたるところで石畳の石と石の間に吸い殻が挟まっており（図 5.16）、歩道の植え込みも灰皿のように用いられていた（図 5.17）。その上、犬を散歩させる人も多く、犬の落とし物も多いのである。もっとも、観光客の多い旧市街地は比較的きれいに清掃されているので、多くの観光客はこのようなことに遭遇しないかも知れない。

しかし、道路の清掃を公的に行うのも重要であろうが、個人が自ら煙草のポイ捨てを止め、犬の飼い主は落とし物の始末をするならば、（リスボンに限ったことではないが）さらによい街になるのは間違いない。もっとも、慣れとは恐ろしいもので、滞在中に次第に吸い殻も気にならなくなり、歩道の落とし物を自然と避けて歩くようになったが、近いうちに清潔でさらに美し

図 5.17 歩道の植え込みは灰皿のようであった。

い街となることを期待しながら帰国した。（2012 年 12 月）

5.8 三つの人魚像

2014 年 12 月にデンマークの首都コペンハーゲンにある人魚像（図 5.18）と 30 年振りの再会をした（この連載で 1984 年 8 月紹介[†]）。この像は、世界 3 大ガッカリ名所の一つと揶揄されてはいるが、寒い時季にもかかわらず多くの観光客が訪れていた。この像は海岸の岩の上にあり、すぐ近くまで歩いて行くことができ、岩の上に登って一緒に写真を撮ることもできる。このため、ペンキで塗られたり、一部が切断されたりしたことも数多くあった。このような災難にあうのも、アンデルセンの童話『人魚姫』をモチーフとして 1913 年に公開されたこの像が名所であるからに違いない。

コペンハーゲンの像を見て、JR 札幌駅西口の待合コーナーの人魚像（図 5.19）を思い出した。これはコペンハーゲンの 1/2 の複製で、台座には JR 北海道とデンマーク国鉄の姉妹提携記念として 1991 年に設置されたと書かれている。しかし、この像はあまり目立たないので、知っているのは札幌駅を通勤で利用している人々でもせいぜい半分程度のようである。

絵本などで見た人魚は下半身から魚の姿をしていたはずなのに、図 5.19 をよく見ると、足首のあたりから魚のような「ひれ」が付いているだけである。これについては、モデルとなった女性の美しい下肢を鱗で覆うことがしのび

[†] 石山祐二『建築 J ウオーク』4.10 節、三和書籍、2005 年 3 月

5.8 三つの人魚像

図 5.18 コペンハーゲンの人魚像

図 5.19 札幌の人魚像

なかったという説がある（なおモデルとなったのは俳優の E.H. エリックと岡田眞澄兄弟の伯母とのことである）。

さて、人魚像は他にもあり、ポーランドの首都ワルシャワにあるのが図 5.20 である。第 2 次世界大戦で荒廃した旧市街地と周辺は「壁のひびに至るまで」忠実に復元され、ユネスコの世界遺産として登録されている。その広場にある像は、よく見ると腰から下が鱗で覆われていて、盾と剣を持った勇ましい姿をしている。人魚はワルシャワ市のシンボルで市の紋章ともなっている。この理由は、市の中央を流れているヴィスワ川のほとりに住んでいた漁師ワルス（妻の名はサワ）が網にかかった人魚を助けたという伝説に由来していて、漁師の名前がワルシャワという名の起源である。

人魚が盾と剣を持っているのは、ワルシャワが危機に陥った際に、すぐに助けに来ることができるためとのことである。地理的に大国に挟まれたポー

図 5.20　ワルシャワの人魚像

ランドは、過去に何度も戦場となったり、他国の領土となった歴史がある。ポーランドの人々は、もうそのようなことは起こらないように、もし起こった場合には人魚にこの地を守って欲しいと心底期待しているに違いないと想像している。（2015 年 2 月）

5.9　ラオスと建築基準

　ラオスはインドシナ半島の中央に位置し、東はベトナム、南はカンボジア、西はタイ、北はミャンマーと中国に接していて、海には面していない国である。人口は約 650 万、面積は日本の本州程度の 24 万 km^2、首都ビエンチャンの人口は約 70 万である。

　ビエンチャンの観光名所として、仏舎利が納められている高さ 45m の金色に輝くタート・ルアン（図 5.21）とパリの凱旋門を模した戦没者慰霊塔パトゥーサイ（図 5.22）が有名である。

　市街地の主要道路に面しては 3 階建の建物（図 5.23）が多く、1 階には庇(ひさし)が連続して突き出ているのが特徴的である。中層の建物の多くはホテルやオフィスである。

　市の中心部には高層建物はほとんどないが、郊外のタート・ルアン湖経済特区では高層建築物が多数建設中（図 5.24）で、計画では人口 15 万としている。この他にも、ホテル、マンション、オフィスを含む大型ショッピングセンターも数カ所計画されており、急激な経済成長が見受けられる。もっとも、人口 70 万の都市に人口 15 万の新たな街が本当にできるか心配ではある

5.9 ラオスと建築基準

図 5.21 タート・ルアン（仏舎利塔）

図 5.22 パトゥーサイ（戦没者慰霊塔）

が、工事は（多少の遅れはあるようだが）着々と進んでいる。

このような高層建物、大規模建物の建設ラッシュにもかかわらず、ラオスには建築基準はない。このため、公共事業運輸大臣自ら司会を務めた「建築基準セミナー」が 2015 年 2 月にビエンチャンで開催された。ラオス側は公共事業運輸省、消防庁、大学、地方政府、関係業界などから約 130 名、日本側は講師 3 名、国土交通省から派遣されている長期専門家 2 名と JICA 職員 1 名が参加した。日本側から建築規制制度、構造基準、防火基準などの講演を行い、ラオス側からは建築基準（案）の説明などの後、活発な意見の交換・討論などが行われた。地震や台風などによる災害は比較的少ないとはいえ、建築基準を制定し、安全・安心な建物を建設すべきとの意見に異論はないはずだが、（案）はあっても制定には至っていない。

最後にわずか 3 泊の滞在ではあったが、その間に感じたことを紹介したい。

図 5.23　1 階に庇がある建物（3 階建が多い）

図 5.24　建設中の高層建物

ラオスは治安もよく（ほとんどの人が仏教徒）、食事もビールも美味しく、物価も安く、（乾季のため）気温・気候も快適だった。観光客はメコン川をはさんだ隣国のタイや、欧米からの高齢者や若者が多いようである。ビエンチャンから空路 1 時間弱には町全体が世界遺産のルアンパバーンもある。日本からの直行便も計画されており、日本人観光客が急増するに違いないと感じて帰国した。（2015 年 4 月）

5.10　30 年振りのプリンス・エドワード島

　カナダ北東部のプリンス・エドワード島を 30 年振りに訪れた。Prince Edward Island はカナダでは通常 P.E.I.（ピー・イー・アイ）と呼ばれている。カナダの 10 州の中で最も小さな州（Province）で、三日月形のゆりかご

5.10 30年振りのプリンス・エドワード島

図 5.25 グリーンゲイブルズ（緑の切妻屋根）

図 5.26 裏庭に建設された納屋

に似ていて鳥が羽を広げたような形状の島の面積は約 5,660km^2（愛媛県とほぼ同じ）、人口 14 万 5 千（州都シャーロットタウンの人口は約 3 万 5 千）で、緯度的には稚内より少し北に位置する。

P.E.I. が有名なのはルーシー・モード・モンゴメリ著『赤毛のアン』、原題は Anne of Green Gables（緑の切妻屋根のアン、図 5.25）の舞台があるからに違いない。日本語訳の出版の際に『赤毛のアン』となったことは 2014 年NHK の朝の連続ドラマで知った人も多いであろう。この書名となったことが、特に日本でよく読まれる原因であるらしい。

1985 年に当地を訪れたのは、カナダの建築研究所に客員研究員として首都オタワに 1 年間滞在していた時のことである。P.E.I. までの 1,200km を車で途中 2 泊して行き、帰りは（途中のモーテルが満室だったので）1,200km を

図 5.27 木製階段を下ると悪魔の森

多少休憩したが一気に運転し、午前 2 時過ぎにオタワに戻ったことを思い出した（1994 年 2 月紹介[†]）。

今回はトロント空港でレンタカーを借り、P.E.I. まで 1,600km を途中 3 泊程度で行く計画を立てた（P.E.I. には航空機やフェリーを利用しなくとも橋が架かっていて車で行くことができる）。それでも、連日 500km 程度は運転する必要があり、多少の不安はあったが、ほぼ予定通りトロント空港に戻ったときの全走行距離は 3,700km であった。

さて、1997 年にグリーンゲイブルズは火事となり、その際にグリーンゲイブルズのコピーを建てた北海道芦別市が保管していた図面などを P.E.I. に送ったということがあった[‡]。このためグリーンゲイブルズはどうなっているのかと心配していたが、火事はぼや程度であったので 30 年前と同じであった。

少し変わっていたのは、周囲が整備され、建設当初の記録に基づいて数棟の納屋が建設されており（図 5.26）、納屋の一部はトイレと小さな売店となっていた。周囲の樹木や花壇も整備され、木製の白い塀も建設されていた（図 5.27）。「恋人たちの径」や「悪魔の森」も散策できるように残されていたが、残念ながらその先はゴルフコースであった。特に、悪魔の森の先はうっそうとした森が続くのではなく、すぐにゴルフコースとなっていた点については、（ゴルフが好きな私でも）感心できなかった。P.E.I. がカナダの中で最も小さ

[†] 石山祐二『建築 J ウオーク』4.7 節、三和書籍、2005 年 3 月
[‡] 石山祐二『建築 J ウォーク』6.17 節、三和書籍、2005 年 3 月

い州とはいえ、土地は十分ある。ゴルフコースの中にグリーンゲイブルズが
あるようになってしまったことには不満であったが、その他はすべて満足し、
2週間ほどの旅行を楽しんできた。（2015年8月）

5.11　世界遺産シドニー・オペラハウス

　ISO（国際標準化機構）TC98（構造物の設計の基本を扱う技術委員会）の
会議がオーストラリアで開催され、その際に世界遺産であるシドニー・オペ
ラハウスを見てきた。この建物は1957年の国際設計競技において233件の
応募の中から、当時は無名であったデンマークの建築家ヨーン・ウツソン
（1918～2008）の案が選ばれ、1959年から建設が始まった。しかし、応募時
に構造的な検討は充分されておらず、実現可能な形状・構造については実施
設計の中で検討することになった。当初の建設費は700万米ドル、建設期間
は4年程度であった。

　しかし建設は大幅に遅れ、1965年の選挙で州政府の顔ぶれが変わり、ウツ
ソンの計画は保留となってしまった。このため、彼はオペラハウスの設計者
を辞任し故国に戻ってしまったのである。結局、彼はその後一度もオースト
ラリアに戻ることがなく、完成したオペラハウスを直接見ることはなかった。

　彼がオーストラリアを離れた後は、数人のオーストラリアの建築家に引き
継がれ、ようやく1973年にオペラハウスは完成した。建設期間は14年、総
工事費は1億200万ドルと当初の14倍以上となった。

　建設期間も建設費も大幅に増大したが、2007年にオペラハウスは「人類の
創造的才能を表現する傑作」として世界文化遺産となり、今ではシドニー最
大の観光名所である。オペラハウスは設計者が存命中に世界遺産となった年
代的に最新のものである。なお、オペラハウス設計の栄誉がたたえられ、ウ
ツソンには、2003年にシドニー大学から名誉博士号が授与されたが、高齢
のためオーストラリアに来ることはできなかった。同時に、オーストラリア
の勲章やシドニー市の鍵も授与された。晩年にはオペラハウスの内装の再デ
ザインをウツソンが引き受けているので、オペラハウスを自ら見ることはな
かったが、自分の作品に満足し、かつ愛していたに違いない。

　シドニー市内のシドニー港に突き出した岬ベネロング・ポイントにあるオ
ペラハウスは帆に風を受けたヨットのように見える（図5.28）。建物に近づ

図 5.28 シドニー・オペラハウスの西面

図 5.29 見る方向によって変化するオペラハウス

いて行くと、いくつもの曲線が複雑に重なり合いながら形状が変化していく（図 5.29）。近くの植物園から見ると、オペラハウスは 3 棟からなっていることが分かり（図 5.30）、左の小規模なレストラン棟、中央の最も大規模なコンサートホール棟、右のオペラ劇場棟がある。

オペラハウスは周囲を歩いて一周することができ、見る位置・角度によって建物の形状がダイナミックに変化し、その構造なども部分的ではあるが間近で見ることができる。この構造については次回に紹介したいと思っている。（2017 年 2 月）

5.12　シドニー・オペラハウスの構造

図 5.30　3 棟よりなるオペラハウス

5.12　シドニー・オペラハウスの構造

　オペラハウスの外観は帆に風を受けたヨットのように軽やかで、設計者のウツソンは薄い曲面版で構成されるシェル（貝殻のような）構造を考えていた。しかし、実施設計の中で、シェル構造では実現不可能となり、コンクリートの部材を組み合わせる構造となった。

　その構造は図 5.31 と建設時の図 5.32 から推察されるように、基本的には図 5.33 左のような架構である。この架構が同じ形状・大きさで連続しているならば特に珍しくはない。しかし、側面は図 5.33 右のように頂部が曲線で、傾きが徐々に異なる個々の架構の幅は扇状に広がっている。

　外壁の内側（図 5.31 右）を見ると、架構は（肋骨のような）リブ付のコンクリート部材で構成されていることが分かる。この部材は図 5.33 の A から C まで同一ではなく、架構下部の断面は図 5.34 A のように長方形（上方で幅の狭い T 形）、架構中央部の断面は図 5.34 B のように幅が広がっていく T 形である。架構上部の断面は図 5.34 C のように Y 形で、上面には X 形の筋かいが入っている（図 5.32 左の架構上部に見える多数の四角形の開口には図 5.32 右のように X 形の筋かいがある）。どの部材の幅も扇状となるように上方で広がっている。

　以上のような部材で構成される構造は一体ではなく、図 5.34 のような長さ数メートルのプレキャスト・コンクリート部材として製作され、それらを現場でつなぎ合わせて全体が構成されている。すなわち、図 5.34 の断面に（模

第 5 章 海外について

図 5.31 コンサートホール棟とその外壁の内側

図 5.32 建設中の写真

式的に描いた）。印の孔に鋼線を通し、その鋼線を引っ張って（プレストレスを導入し）一体化する構造となっている。

　構造全体が曲面で構成されているため、実際に製作するのは非常に難しい。このため、放物線からなる曲面をすべて同一の球面に変更した。これによって建設期間が（予定の 4 年が 14 年にもなってしまったが）大幅に短縮されたといわれている。なお、外壁には白色（一部は乳褐色）のタイルを貼った多数の（架構に沿った）球面状のコンクリート板が全面に取り付けられている。

　この構造設計は英国の構造家オーヴ・アラップ（1895〜1988）が担当し、これによって有名になった彼が創設したアラップ社は現在でも世界各国に事

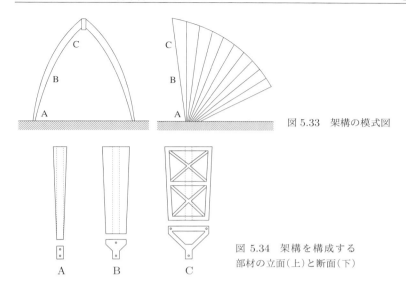

図 5.33 架構の模式図

図 5.34 架構を構成する部材の立面(上)と断面(下)

務所を持っている。ウツソンの案が選定されたのは米国で活躍したフィンランド人の建築家エーロ・サーリンネン(1910〜1961)の推薦があったからで、世界遺産オペラハウスの功績者としてウツソンの他にサーリネンとアラップ、そしてシドニー市民の熱烈な支持があったことも忘れることはできない。

最後に、現在では(コンピュータや新材料の発達により)同一の球面ではなく(当初案のように)異なる曲面を用いた薄いシェル構造による建設が可能ではないかと思っているが、皆さんの考えはどうであろう。(2017年4月)

5.13　ブレーメンの音楽隊とサッカー

「ブレーメン」と聞いてグリム童話の『ブレーメンの音楽隊』(図 5.35)を思い出す人は多いようである。

年老いて飼い主から見捨てられそうになったり、食肉にされそうになったロバ、犬、猫、鶏がタウン・ミュージシャンを目指して行こうとしたのがブレーメンである。彼らはブレーメンに着く前に泥棒達が宴をしている館を見つけ、四匹が重なって大きな怪物と思わせ、大きな鳴き声で泥棒達を驚かし、

図 5.35　童話『ブレーメンの音楽隊』英語版の表紙
（観光案内所では日本語版を販売していなかった。）

彼らが逃げた後に残されたご馳走で宴を楽しんだ。泥棒の一人は館に戻ってくるが、再度力を合わせて撃退し、その館で楽しく過ごしたというのが童話のあらすじである。

　1800 年当時フランスの支配下にあったドイツで国家意識が高揚し始め、精神的遺産である民間伝承や英雄伝説を集める活動が始まった。そのような活動の一環としてグリム兄弟がドイツ各地から昔話を集め 1812 年に初版第 1 巻 86 編を出版した。その後、度々改訂され 1857 年に兄弟の生前最後の第 7 版が出された。それには 200 編と付録 10 編が含まれ、中には残酷な内容もあるが、子供向けに適切なものを選び、表現も子供向けにしたのがよく知られているグリム童話である。

　音楽隊が目指したブレーメン市はドイツ北部にあり人口は約 55 万、北海に注ぐヴェーザー川に面している。港町としてはハンブルクに次ぐ大きさであるが、ドイツでは最も古い港町で 10 世紀に開かれた。港町といっても北海から 65km も離れているため、海の匂いはまったくなく、清潔で落ち着いた街である。グリム兄弟が生まれたフランクフルト近くのハーナウから始まるメルヘン街道約 600km の最後の街で、観光客も多い。旧市街地にある「ブレーメンの音楽隊の像」（図 5.36）の周辺にはいつも多くの観光客がいて、像のロバの足に触れると幸運が訪れるといわれているため、ロバの足はピカピカに光っている。

　広場に面してゴシック建築の市庁舎と聖ペトリ大聖堂がある。市庁舎の地

5.13 ブレーメンの音楽隊とサッカー

図 5.36 ブレーメンの音楽隊の像

下には歴史的ワインレストランがあり、その近くに地元のベックス・ビールを気楽に楽しめるビストロもある。日本からの観光客は少ないようで、観光案内所で販売していた『ブレーメンの音楽隊』の絵本にはドイツ語、英語など中国語も含め数カ国語のものがあったが、日本語版はなかった。

さて、サッカー好きな人はドイツのプロサッカーリーグであるブンデスリーガ1部に所属している強豪チームとして「ブレーメン」のことを知っているであろう。ブンデスリーガには1部18、2部18、3部20、合計56のクラブが所属し、観客動員数は世界一である。総合スポーツクラブのヴェルダー・ブレーメンの中でサッカー部門が特に知られているが、ハンドボール、陸上競技、チェス、卓球、体操部門もある。1899年にサッカー部門が創立され、近年は優勝から遠ざかっているがリーグ優勝4回を成し遂げている。また、ブンデスリーガで初めて活躍した日本人プレーヤー「奥寺康彦」が1981-86年に所属したクラブで、2018年からは「大迫勇也」が所属している。

ブレーメンで3泊したが、建設材料機器などの展示会を見ることが目的であったため、旧市街地を見ることができたのはほんの数時間であった。いつものことながら、もう少し余裕があれば・・・と思って帰国したが、「少なくとも時間的には余裕のある生活をしたい」と思いながら定年から15年も経過してしまった。（2020年4月）

5.14 美味しかった食べ物とギリシャ文字

　コロナ禍のため外国旅行ができなくなったが、海外に行った話の中で美味しかった食べ物について問われることがある。味覚に自信のない私ではあるが、ペルーの「セビーチェ」（Cebiche、セビッチェとも表示されるが、ビーと伸ばす方が現地の発音に近い）を第一に推したい。セビーチェは新鮮な魚介類と野菜をレモン汁と香辛料で和えたもので、日本人の味覚にも合う（中南米の他の国にもセビーチェはあるが、ペルーのセビーチェは絶品である）。

　次は「ギリシャ・サラダ」である（図5.37参照）。新鮮な野菜サラダにフェタチーズとオリーブの実を添えてドレッシングとしてオリーブ油をかけたものである。フェタチーズは山羊の乳から作った白色のチーズで塩味があるので、オリーブ油をかけただけで実に美味しい。ビールやワインとの組合せも抜群で、ギリシャに行った際には何度も注文した。ギリシャでは単にサラダと注文するのみでよいが、他の国ではギリシャ・サラダ（Greek salad）と注文するとよい。

　さて、最近は新型コロナウイルスの変異株でギリシャ文字が身近になっているようであるが、学術分野では特別な係数・記号などを表すのにギリシャ文字が用いられることが多い。円周率のπ（パイ）、総和を表すΣ（シグマ）などは誰でも知っているであろう。

　ギリシャでは当然ではあるがギリシャ文字が用いられている。もっとも、地名などはローマ字も併記されているので、ギリシャ文字を知らなくとも旅

図5.37　白いフェタチーズが載っているギリシャサラダ（左の瓶はビール、右はミネラルウオータ）

5.14 美味しかった食べ物とギリシャ文字

表 5.1 ギリシャ文字と対応するローマ字

順番	名称*	G		R	順番	名称*	G		R
1)	アルファ	A	α	a	13)	ニュー	N	ν	n
2)	ベータ	B	β	b	14)	グザイ	Ξ	ξ	x
3)	ガンマ	Γ	γ	g	15)	オミクロン	O	o	o
4)	デルタ	Δ	δ	d	16)	パイ	Π	π	p
5)	イプシロン	E	ϵ	e	17)	ロー	P	ρ	r
6)	ツェータ	Z	ζ	z	18)	シグマ	Σ	σ	s
7)	イータ	H	η	ē	19)	タウ	T	τ	t
8)	シータ	Θ	θ	th	20)	ウプシロン	Υ	υ	u
9)	イオタ	I	ι	i	21)	ファイ	Φ	ϕ	ph
10)	カッパ	K	κ	k	22)	カイ	X	χ	ch
11)	ラムダ	Λ	λ	l	23)	プサイ	Ψ	ψ	ps
12)	ミュー	M	μ	m	24)	オメガ	Ω	ω	ō

*日本語の慣用表現（他の表現もある）
　G：ギリシャ語の大文字と小文字、R：対応するローマ小文字

行には差し支えがない。ギリシャ文字には表 5.1 に示すように対応するローマ字がある。これを用いギリシャ文字をローマ字に変換する（例えば π は p に、Σ は S に変換する）と、ギリシャ文字を読むことができるようになる。

　図 5.37 の左の瓶のラベルの「A $\Lambda\Phi$ A」を変換すると「ALPHA（アルファ）」となる（小さな字でアルファ・ビールと英語でも書いてある）。ギリシャで泊まったホテルの扉に「Π I Σ I N A」と書いてあったので、「PISINA」に変換される。何を表しているのか戸惑ったが、スペイン語の「PISCINA」を思い出し、それがプールへの入口であることが分かった際には、ペルー滞在中にスペイン語を少し学んだことが役だったように感じた。

　最後に、新型コロナウイルスはデルタ株からオミクロン株に移行したようであるが、変異株には（発生した国や地域ではなく）ギリシャ文字の順番に名前が付けられている。最初の 2 文字はアルファとベータ（これが「アルファベット」の語源）で、デルタは 4 番目、オミクロンは 15 番目である（13, 14番目は何かを連想させるようで用いられていない）。いずれにしても最後のオメガ以降は、どうなるのであろう。最初のアルファに戻り数字を加え、α2（アルファ・ツー）となるのではと推測しているが、その前にコロナ禍が終息して欲しいと願っている。（2022 年 4 月）

5.15 久しぶりの海外でコロナ感染！

コロナ禍が続く中、海外も国内旅行も自粛・禁止に近い状態が 2020 年 2 月頃から 2 年以上も続いた。2022 年 8 月に久しぶりの海外旅行（出張）でフィリピンに行くことになり、過去 50 年間の百数十回の海外旅行を思い出すと色々と変わったことに気が付いた。

最大の変化は機内禁煙であろう。国外・国内にかかわらず飛行機に乗ると、離陸直前と直後は禁煙であったが、離陸して間もなく（数十秒であったように思えるが）チャイムと共に「禁煙」のサインが消え、すぐに煙草を吸う人がいた。エコノミークラスの狭い座席でも一人一人の肘掛けに小さな吸い殻入れがあったことを（若者を除いて）思い出すであろう。禁煙を始めていた私は、喫煙者のためのみにこのようなものを付けるのは「けしからん」と感じたが、税収を確保するためには仕方がないのかとも思っていた。

さて、今回の海外旅行で特に感じたのは新型コロナに関してである。フィリピンに入国する際にはワクチン接種履歴などを前もって登録する One Health Pass という手続きが必要であり、搭乗直前までパソコンに向かい窓口の女性の助けもあり、ようやく手続きを終えた。その結果の QR コードの画像をスマホで写し、それを入国時に示すことでスムーズに入国することができた。

フィリピンでの仕事は比較的順調に進み、帰国の準備を始めた。帰国の際には、72 時間以内に受けた PCR 検査の陰性証明が必要で、帰国予定の 3 日前に検査を受けた。症状などはなかったが、翌日インターネットで受けた結果は陽性（図 5.38）であった。その後すぐに市からの指示で、ホテルの隔離階の部屋に移り 7 日間過ごし、この間は部屋から出ることが禁じられた。隔離期間後に再検査を受け、再度陽性となるとまたホテルに閉じ込められるのではと心配したが、幸い陰性（図 5.39）で、8 日間遅れで帰国することができた。この中の PCR 検査は鼻と口（喉）から綿棒で検体を採取するため、検査所に行く必要があるが、その他はインターネットで行う。このため、パソコンまたはスマホが必須であり、両方ある方がよい。

フィリピンは東南アジアの中では最も英語が通じる国で、書類などは英語なので理解できる。もっとも、医療関連用語は普段用いることが少ないが、あ

MAKATI MEDICAL CENTER
2 Amorsolo St.,
City of Makati, Philippines 1229

Page : 1 of 1
Printed: 25-AUG-2022 06:42 AM

DEPARTMENT OF PATHOLOGY AND LABORATORIES

Patient Name : ISHIYAMA, YUJI .			Lab No : 22487749
Date of Birth: 24-MAR-1942	Age: 80Y	Gender: MALE	Ordered : 24-AUG-2022 03:30 PM
Patient ID #: 1045338		Source: OU Laboratory	Received: 24-AUG-2022 06:51 PM
Physician: PATIENT, REQUEST .		Room No.	Released: 25-AUG-2022 06:42 AM

Test Name

MOLECULAR.
COVID-19 TEST

TEST PERFORMED:
SARS-CoV-2 (Causative agent of COVID-19) virus detection by Real-Time PCR

TEST RESULT:
* **SARS-CoV-2 (causative agent of COVID-19) viral RNA DETECTED**
INTERPRETATION OF RESULTS
* **POSITIVE for SARS-CoV-2 (causative agent of COVID-19)**
SPECIMEN TYPE: Nasopharyngeal swab/s and Oropharyngeal swab/s
DATE AND TIME COLLECTED:
* August 24, 2022 at 1541H

図 5.38 コロナ陽性（下から 4 行目 POSITIVE）

MAKATI MEDICAL CENTER
2 Amorsolo St.,
City of Makati, Philippines 1229

Page : 1 of 2
Printed: 01-SEP-2022 07:55 PM

DEPARTMENT OF PATHOLOGY AND LABORATORIES

Patient Name : ISHIYAMA, YUJI .			Lab No : 22504577
Date of Birth: 24-MAR-1942	Age: 80Y	Gender: MALE	Ordered : 01-SEP-2022 10:16 AM
Patient ID #: 1045338		Source: OU Laboratory	Received: 01-SEP-2022 02:09 PM
Physician: PATIENT, REQUEST .		Room No.	Released: 01-SEP-2022 07:55 PM

Test Name

MOLECULAR.
COVID-19 TEST

TEST PERFORMED:
SARS-CoV-2 (Causative agent of COVID-19) virus detection by Real-Time PCR

TEST RESULT:
* **SARS-CoV-2 (causative agent of COVID-19) viral RNA NOT DETECTED**
INTERPRETATION OF RESULTS
* **NEGATIVE for SARS-CoV-2 (causative agent of COVID-19)**
SPECIMEN TYPE: Nasopharyngeal swab/s and Oropharyngeal swab/s
DATE AND TIME COLLECTED: September 01, 2022 at 1027H

図 5.39 コロナ陰性（下から 3 行目 NEGATIVE）

る程度は知っておくのがよい。検査結果の陽性と陰性は positive と negative である。検査を行ったのは市の Pathology（病理学）部である。日本でいう新型コロナは COVID-19（Coronavirus disease 2019 の略）である。PCR は（覚える必要はないかも知れないが）ポリメラーゼ連鎖反応（Polymerase Chain Reaction）の略で、微量な検体からウイルスなどを検出する。入国手続きの際に、税関（customs）と検疫（quarantine）があることは知っていたが、quarantine には隔離の意味も（実はこれが第一の意味）であることを今回初めて知り、かつホテルの隔離で体験した。

最後に、最初の検査は陽性であったが、症状もなく体温・味覚・酸素飽和度も正常であったので、これは（検査誤差の可能性も考えられるが）2021 年 6 月から 2022 年 7 月までの間に受けたワクチン 4 回のお陰と思っている。(2023 年 1 月)

第 6 章

北海道について

6.1　（社）北海道建築技術協会のルーツと活動

　2004 年 4 月から（社）北海道建築技術協会が活動を行っている[†]。この協会は（社）北海道メーソンリー建築協会に任意団体の北海道外断熱建築協議会と北海道建築診断研究会が加わり名称を変更したものである。

　会員は産官学からの個人会員（約 110 名）と法人会員（約 85 社）である。主な活動は、旧 3 団体の活動を継続する (1) メーソンリー建築研究会、(2) 外断熱建築研究会、(3) 建築診断研究会に加えて、新たに組織された (4) 総合建築技術研究会という 4 つの研究会で行われている。

　メーソンリー（masonry）とは組積造のことで、石、レンガ、ブロックなどの単体を積み上げて造る工法である（図 6.1）。エジプトのピラミッド、ギリシャのパルテノン神殿、ペルーのマチュピチュ遺跡もメーソンリーで、世界的には古くから多くの建造物に用いられている。メーソンリーには単体を単に積み上げているものも多いが、日本では耐震性を高めるためモルタルや鉄筋で補強されている。

　メーソンリー建築研究会のルーツは 1952 年設立の北海道建材ブロック協会で、これが 1953 年に社団法人となった。一方、1979 年に北海道ブロック建築普及促進協議会が発足し、これが 1986 年に北海道メーソンリー建築協議会となり、1995 年に北海道建材ブロック協会に加わり、名称を（社）北海

　[†] 2012 年 4 月に一般社団法人（一社）に移行し活動を継続している。

図 6.1 北海道庁旧本庁舎はメーソンリー建築

道メーソンリー建築協会と変更して活動を継続してきた。

　一般には断熱材を建物の外壁などの室内側に入れるが、建物全体を外から断熱材で覆うのが外断熱である。このようにすると、外壁を含め建物全体が暖められ、外気温の影響を受け難くなるメリットがある。外断熱は寒冷地において暖房効果を高めるため普及した工法であるが、冷房についても外気温の影響を受け難いというメリットは同様で、最近は全国的に広がってきている。外断熱建築研究会のルーツは 1983 年に発足した外断熱施工研究会で、これが 1984 年に北海道外断熱工法協議会、1994 年に北海道外断熱建築協議会となり活動してきた。

　建築診断研究会のルーツは、1992 年に設立された北海道建築診断研究会で、当初は外壁タイルの落下の危険性に対する診断などが主なテーマであったが、1995 年阪神・淡路大震災以降は耐震診断も含め活動してきた。この研究会の中には構造性能分科会、耐久性能分科会、環境性能分科会がある。

　総合建築技術研究会は 2004 年から新たに設置されたもので、他の研究会の成果を体系化し、複合・総合技術として構築・提案するために必要な技術開発などを行うことを目標としている。

　各会員はこれらの研究会や分科会に自由に参加できる（もちろん参加しないのも自由である）。会員は協会の情報を会報によって知ることができる他、研究会の成果や建築技術に関する最近の話題などの講演会や研修会が年数回開催され、建設現場や建物・施設の見学会も随時開催されている。

　（社）北海道建築技術協会の英訳は Hokkaido Building Engineering Association で、略称 HoBEA（ホビー）である。ホビーは hobby（趣味）と混同されるかも知れないが、地域に根ざした社会への働きかけを通して、一般の市民にも親しみやすく気軽に相談でき、信頼される団体として認識されるような活動を目指している。この協会に興味のある方はホームページ (https://hobea.or.jp/) を参照して欲しい。なお、会員は北海道内の個人・団体とは限定していないので、全国からの会員参加を期待している。（2005 年10 月）

6.2　交通事故死ワーストワン返上の北海道

　2005 年には歓迎されない事件や事故が多かったが、北海道ではほんの少し喜ぶべきことがあった。それは、都道府県別の交通事故死ワーストワンという汚名を返上したことである。

　代わりにワーストワンとなったのは愛知県で死者は 351 人、それに続き埼玉県 322 人、千葉県 305 人、北海道 302 人となった。1992 年から 2004 年まで 13 年間もワーストワンであった北海道が、わずかな差とはいえ 4 番目になるとは想像していなかった。特に、1994 年から 2002 年の間は、他の県より死者が 100 人くらいは多く、交通事故統計が発表されるたびに、何とかならないものかと願っていた。150 人以上も差があった時には、北海道のワーストワン返上は我々の世代では実現不可能とあきらめに近い気持ちであった。

　交通事故死の減少傾向は全国的で、交通戦争といわれた 1970 年の 16,765人が最悪で、それ以降少しづつ減少し（増加した年もあったが）2005 年の6,871 人は最悪の年の 41% である。なお、交通事故死が 7,000 人以下となったのは 49 年ぶりとのことである。

　交通事故死減少の原因は、(1) 道路の安全性向上（ガードレール、交通標識などの設置）、(2) 車の安全性の向上（シートベルトやエアーバッグの普及、衝撃吸収型になった車体などによる衝突時の安全性アップ）、(3) 救急医療体制の向上、(4) 運転モラルの向上などが大きな要因である。

　更に、(5) 道路交通法改正による罰則強化の効果も非常に高いようである。特に、飲酒運転についての罰則が厳しくなり、飲酒した人ばかりではなく飲酒を勧めた人にも罰則が適用されるようになった。このためか、最近はゴルフ場やレストランでも、アルコールのほとんど含まれていないビールのよう

図 6.2　2006 年 5 月 1 日までの北海道の交通事故死（北海道新聞 2006 年 5 月 2 日朝刊）

な飲み物が用意されている。

　さて、以上の原因は全国共通なのに、なぜ北海道で 2004 年の 387 人から 2005 年の 302 人と交通事故死が急激に減少したのであろう。

　皮肉な見方をして、北海道の景気低迷が原因と考える人もいる。確かに、過去にワーストワンを返上した 1974、86、91 年はオイルショック、経済低迷、バブル経済破綻の直後である。2005 年には愛知県で愛地球博がありその経済効果が大きかったのに対し、北海道ではまだ景気低迷から脱し切れていないことなどと考えると、残念ながらこの見方を否定できない。

　しかし、2005 年に急激に減少したことを考えると、2004 年改正の道路交通法による、飲酒運転に対する罰則強化が一般に認識され、それが特に北海道で効果があったからに違いない。

　北海道で生まれ育った道産子は、新しいものに対する偏見がなく、どんなものでもとにかく試してみようという気質が強い。このため、新商品の評判を試すには非常によい市場であるといわれている。このような気質により、運転する人が道路交通法改正後はアルコールのほとんど含まれていないビールのような飲み物を試し「思ったより美味しい・・・」などということが他県よりいっそう浸透したからではないかと思っている。

　新聞に毎日示されている「北海道の今年の交通事故死と昨年との比較」（図 6.2）を見ると、2006 年も 1/3 過ぎた時点では、交通事故死は昨年よりも更に少ない。しかし、北海道では夏から秋にかけ事故死が急増するので、安心はできない。更に、飽きっぽいのも道産子の特徴で、罰則強化の効果が薄れるのではないかと心配している。

交通事故死は減少しているとはいえ、今でも全国で年間およそ 7,000 人なので、18,000 人に一人の割合で亡くなっている。人間一人の家族・親戚や親しい友人・知人は、大人になると多分 200 人くらいはいるだろう。すると、90 年間にはその親しい人の中の一人が交通事故で亡くなるという計算になる（皆さんにも思い当たることがあるに違いない）。交通事故死がなぜ起きるかを考えてみると、車を運転するからで、その原因はきわめて明確である。政府が目標として掲げている「年間 5 千人以下」ではまだまだ多すぎ、交通事故死 0 を目指すのが当然ではないかと思っている。（2006 年 6 月）

6.3 石狩灯台が赤と白に塗られた理由

石狩灯台（図 6.3）は石狩川河口に 1892（明治 25）年に開設された。当初は木造であったが、1904（明治 37）年に鉄骨造となり、内部には現在でも当時のまま残っている部分もあり、北海道では最古の灯台である。カラー写真でないので分かり難いが、赤と白の縞模様の灯台は青空と白い雲と緑の中ではコントラストが鮮やかで特に美しく見える。日本で初めて赤と白のツートーンカラーとなったいきさつは、カラー映画のために塗り替えらたことにある。その配色が今でも続いており、石狩の観光名所となっている。

この映画とは、比較的高齢の方や邦画ファンなら誰もが知っている、佐田啓二・高峰秀子主演、木下惠介監督の『喜びも悲しみも幾歳月』で、1957（昭和 32）年に封切られている。当時見た記憶は私自身にあるが、映画の場面は覚えているような気がする程度である。しかし、「おいら岬の灯台守は・・・」と若山彰が歌った主題歌は今でも時々放送されることがあるので歌詞もメロディーも覚えている。この歌の作詞・作曲は監督の実弟の木下忠司で、石狩灯台 100 年記念としての歌碑（図 6.4）が灯台のすぐ近くに建っている。

灯台の近くには海水浴場の他に、日帰り温泉、宿泊施設もある。日本海を見ながらの露天風呂は季節にかかわらず気分爽快であり、他では味わえない絶品の鮭料理を出す店もおすすめである。「いしかり砂丘の風資料館」では海と川とそれをつなぐ河口に関する歴史や文化の展示がされている。

さて、この一角に石狩市指定文化財である「旧長野商店」が移築されるこ

図 6.3　赤と白の石狩灯台

図 6.4　主題歌の歌碑

とになった†。灯台と同年代のこの建物は、蔵の部分が 1887（明治 20）年、店舗の部分は 1894（明治 27）年に建設され、北海道では最も古い木骨石造建物の一つである。木骨石造とは木造の骨組みの外側に（外からの火災を防ぐことも目的として）石造の外壁が取り付けられた構造である。外観からは石造のように見えるが、構造の主体は木造である。伝統的な和風町屋形式に洋風のアーチ窓を持つ和洋折衷のこの建物は 2007（平成 19）年に移築が完了し、展示施設（一部は集会場）として用いられることになっている。完了後のことも紹介したいので、灯台周辺の風景や露天風呂を再度楽しみながら、ぜひ立ち寄ってみようと思っている。（2006 年 10 月）

---

† 長野商店については 2.3 節（39 頁）を参照して欲しい。

6.4 よみがえった大正時代の建築－旧・丸井今井呉服店函館支店

　函館市の景観形成指定建築物である、旧・末広町分庁舎が改修され、2007年4月より「地域交流まちづくりセンター」として使われている（図6.5）。

　この建築物は、関東大震災が起こった1923（大正12）年に丸井今井呉服店函館支店として建設された。当初は鉄筋コンクリート造3階建であったが、1930年には5階建に増築された。1934（昭和9）年の函館大火によって被害を受け、その後に大規模な補修を行った。そして1969（昭和44）年に丸井今井が店舗を移転した後は、函館市に取得され、市の分庁舎として用いられていた。

　今回の改修では、建設当初の姿に近づけるため、増築されていた4, 5階の大部分を取り壊し、正面入り口の上部にはドーム状の球形屋根が復原された。東北以北最古の手動エレベーターも残されている。また、耐震診断を行い、耐震性が十分でないため全階に耐震壁を新設し補強を行っている。

　改修された建物の内部から天井を見上げると、床や梁を直接見ることができる。図6.6は8角形の柱とそれに取り付いている梁を示している。梁の端部が斜めになっている（これをハンチという）が、大きなハンチとなった理由は、函館大火である。

　大火後の補修の際に、柱の周囲に鉄筋を新たに配置しコンクリートを打設

図6.5　「地域交流まちづくりセンター」となった旧・丸井今井呉服店函館支店

図 6.6　内部の大梁と小梁（柱から 8 本の梁、小さい方が大梁、大きい方が小梁）

図 6.7　交差している小梁（柱配置が不規則な部分では小梁がこのように複雑に交差している）

し、柱を補強した。更に、床を補強するため、床の対角線方向に小梁が新たに設けられた。結局、中央の柱 1 本からは当初の大梁 4 本に、小梁 4 本が付け加えられ、1 本の柱に計 8 本の梁が取り付くことになった。これが柱の断面が 8 角形となった理由である。なお、床の補強を第一に考え、小梁の方が大梁より大きくなっているが、このようなことは珍しい。もっとも、小梁は柱と柱をつなぐように入れられたので、構造的には大梁と考えた方がよいのかも知れない。

　大正時代の様子に復原されたこの建築物は夜間にはライトアップされている。この外観はもちろんのこと、内部からは 8 角形の柱に八方から取り付いている梁や交差している梁（図 6.7）なども見る価値がある。函館には、この他にも多くの懐かしいと感じる建築物が多数あるので、是非訪れて欲しいと思っている。（2007 年 6 月）

6.5 安全第一「2008 北海道洞爺湖サミット」

　2008 年 7 月に予定されているサミット（主要国首脳会議）は北海道洞爺湖近くのホテルで行うことになったが、決定までには紆余曲折があった。サミットが開催されるということは、開催地にとっては非常に名誉で、宣伝効果も高いのであるが、開催に伴う地元の経済的な負担も少なくない。このため、財政状況が厳しい北海道は誘致活動を（少なくとも積極的には）行っていなかった。

　世界各国の要人が一同に集まるサミットはテロの格好の目標になりかねないため、開催場所の選定には安全性を第一に考えているようである。このため、政府関係者は当初から安全性が確保しやすい洞爺湖のホテルを開催場所として考えていたようである。名乗りを挙げていない場所に決めることもできず、北海道に候補地としての名乗りを挙げて欲しいとの要望があったらしい。このような経緯があり、招致合戦の終盤に名乗りを挙げた北海道洞爺湖でサミットが開催されることになったのである。

　サミット summit は「頂上」を意味し、洞爺湖に面する山頂に建っているホテルはこの意味からも開催に最適の場所である（図 6.8）。このホテルは、財政破綻で解体された「北海道拓殖銀行」が多額の資金を注ぎ込み完成させたが、オープン間もなく営業中止となっていた。その後、別の経営者がホテルを格安で買い取り営業している。施設を安価に購入したからといって、財政的にうまくいくとは限らない。ちょうどそのような時にサミット開催が決まったので、ホテル側としては大歓迎に違いない。

　もっとも、サミットが近づくと一般客の近隣への立ち入りが大幅に制限されることになるので、素直にはサミットを歓迎していない人も多いようである。先日、このホテルを見に行こうと車で近くまで行ったが、警備のためということで、そばには近寄れなかった。図 6.9 は引き返した場所から撮ったが、山頂への道路は他には全くないので、警備上は非常に好都合であることを実感した次第であった。

　帰りに、洞爺湖畔にある彫刻をいくつか見てきた（図 6.10）。これは「とう

190　　　　　　　　　　　　　　　　　　　　　第 6 章　北海道について

図 6.8　洞爺湖畔から見えるサミット会場のホテル（2つの峰の右に見えるのがホテル、手前は彫刻の一つ）

図 6.9　引き返した場所から写したホテル

図 6.10　「とうや湖ぐるっと彫刻公園」の彫刻の一つ

や湖ぐるっと彫刻公園」と呼ばれ、拙著[†]で紹介したが、周囲 52km の湖畔に
58 基の彫刻が完成している。どの彫刻も素晴らしいが、湖水を背景に見ると
一層美しく感じられる。周囲を一周しなくとも、洞爺湖温泉から徒歩の範囲
にも多くの彫刻があり、少し歩き疲れた際には「足湯」もある。更に、昭和
新山や有珠山も近くにあるので、サミット関係者はもちろんのことその他の
人々にも、この場所を楽しんでもらえるはずと思っている。（2007 年 10 月）

6.6　天売島は「ウトウ」の世界最大のコロニー

　北海道北部の日本海に天売と焼尻という約 4km 離れている二つの島があ
る。どちらも周囲約 12km、住民は 400 人に満たないが、自然に恵まれた美
しい島である。羽幌港からフェリーで焼尻を経由して約 1 時間で行くことが
できる天売は「海鳥の島」とも呼ばれ、8 種類約 100 万羽の海鳥が生息して
いる。特に、「ウトウ」は約 80 万羽もいて、世界最大のコロニー（群生地）で
ある。

　毎年 5 月から 7 月は子育ての季節で、毎日夕方になると高さ 100m 以上
の断崖絶壁の上の緩やかな傾斜地にウトウ数十万羽が次から次へと帰ってく
る。隣の巣穴と 1m も離れていない無数の巣穴から、ウトウは間違わずに自
分の巣穴を見つけることができるのは不思議であり、次々と急いで一直線に
巣穴に向かっていく姿は感動的である。巣穴の直径は約 10cm、深さは 1.5〜
2m あり、その中にいる一羽の雛のために、餌のカタクチイワシを時には 10
匹以上も 嘴 にくわえて帰ってくるのである。

　ウトウは 1 つがいで 1 羽の雛を大事に育てる子煩悩であるが、急いで巣穴
に戻ってくるのは、早く雛に餌を与えたいと思う親心のみではない。図 6.11
の地面の多数の穴は巣穴で、中央付近に写っている数十羽の白い鳥はウミネ
コである。ウミネコはウトウが雛のために運んでくる餌を横取りしようとし
て、日没前から巣穴の近くで待機している。このため、ウトウは餌を横取り
されないように、素早く自分の巣穴にもぐり込もうとするが、時にはウミネ
コに餌を横取りされるのである。

　餌の横取りを見た時、ウミネコはずるいと思ったが、その後にほほえまし

[†] 石山祐二『建築 J ウォーク』6.6 節、三和書籍、2005 年 3 月

図 6.11 ウトウの巣穴とその周囲に群がるウミネコ

図 6.12 善知鳥神社にあるウトウの絵

い光景も見た。それは、雛に餌を与えた後にウトウは巣穴から出てくるが、この際にはウトウとウミネコの争いは全くないのである。ウミネコが狙っているのは餌で、決してウトウではないので、いくら近くにいても餌をくわえていないウトウにウミネコは全く関心を示さず、お互いにカタクチイワシを争ったことがなかったかのように平然としているのである。

　天売島では、このような様子をほんの近くで見ることができる。日没前に戻ってくるウトウは少ないが、日没後から徐々に増え、数十万羽が数時間のうちに戻ってくるのである。餌の争奪戦は日没後しばらくがもっとも激しく、暗くなるにつれて争奪戦は徐々に見られなくなる。これは、ウミネコは暗くなると目が見えなくなるからで、ウトウは暗くなっても目が見えるらしく、深夜の11時頃まで次々と戻ってくる。

　最後に耳慣れないであろうウトウの語源であるが、発音からは陸奥の方言ま

たはアイヌ語に由来しているようである。また、漢字ではウトウを「善知鳥」と書き、これは「葦原に住む千鳥」という意味が基となっているらしい。青森発祥の地ということで祀られている善知鳥神社（図6.12）は青森市の中心街にある。そのホームページでは、葦は「あし」または「よし」というので、ウトウを葦原に住む千鳥ということで「悪千鳥」または「善千鳥」と書き、それが変化して「善知鳥」となったという説が紹介されている。（2008年8月）

6.7 「赤れんが庁舎」を美しく後世に残そう！

　図6.13は重要文化財の「北海道庁旧本庁舎」である。1873（明治6）年に完成した木造の開拓使札幌本庁舎は、1879（明治12）年に焼失した。1888（明治21）年には、この通称「赤れんが庁舎」が完成し、その後、改築されたり、火災もあったが、幸い赤れんが壁は現在もそのままである。1968（昭和48）年には創建当時の姿に復元され、翌年に国の重要文化財に指定された。間口61m、奥行36m、塔の頂部までの高さ33mの「赤れんが庁舎」は北海道庁本庁舎として長年用いられていたが、現在は文書館・資料館・展示ギャラリー・観光情報コーナーなどとして用いられている。

　この建物は札幌駅から徒歩2～3分の場所にあり、開拓後の歴史が短い北海道では特に貴重な建物で、観光客も多く訪れる名所である。東向きなので、午前中に陽の光を受け赤く輝いている姿は特に美しい。私自身は近くを通る度に「赤いれんがの北海道庁」と子供の頃に遊んだカルタのことを懐かしく

図6.13　北海道庁旧本庁舎「赤れんが庁舎」

思い出している。

　さて、たまたま通りかかった際に、観光客が「よい所に連れてきてもらって本当によかった。でも、後ろのビルがなければもっとよかったのに・・・」といっているのを耳にした。私自身、日頃からそのように思っているので、この点について書いてみたい。

　図6.13の写真は門のすぐ前から写したため、後方左右の建物も大きく写っている。実は、建物にかなり近寄っても後方の建物が目線に入ってしまう。そして、目線に入らなくなる位まで近寄ると、今度は建物頂部にある八角形の塔も見えなくなるのである。なぜ、このような目障りな位置に後方の建物を建設したのかと不思議に思うと同時に憤りさえ感じてしまう。

　更に、後方に建っている建物が民間の建物であれば、「建設を禁止することが難しかった」との言い訳も多少は考えられるが、実は後方の右は北海道庁本庁舎、左は北海道警察本部である。北海道が自らの建物を建設する際に、北海道のシンボルともいうべき「赤れんが庁舎」の存在を考えずに、後方の建物を計画したのであろうか、あるいは考えた揚げ句にその位置に建物を計画したのかを知りたいと思うと同時に、このような情報を是非公表して欲しいと思っている。

　以上のようなことを書いていると、感情的になり憤りが一層増大するばかりで何の解決にもならないので、少し現実に戻って考えてみたい。

　右後方の本庁舎は旧耐震で設計されているため、いずれ耐震補強[†]が必要となるであろう。その際には、上層の3階位を取り除くと、（建物の重量が低減され）耐震補強が不必要になるかも知れないし、必要であっても大規模な補強にはならないはずである。このようにすると、少なくとも「赤れんが庁舎」の中央から右半分には目障りな背景がなくなる。そして、左後方の建物もいつかは取り壊される時がくるであろう。その時には、赤れんが庁舎の後方に大きく青空が広がるようにと願っている。今すぐに解決するのは難しいが、数十年後、いや百年後でも構わないが、こうなって欲しいと祈っている。

　蛇足になるが、札幌市内の「時計台」も観光名所として有名である。しか

　[†]　「 免震化も考えられるが、多額の工事費が必要で、免震化するのであれば、後世に残す「赤れんが庁舎」を優先して欲しい。」と当時書いたが、本庁舎は積層ゴムを用いた補強工事が終了し、赤れんが庁舎は耐震補強を行っている。耐震については解決したが、赤れんが庁舎の後ろの目障りな背景については解決していない。

し、ビルの谷間に埋もれている時計台を見て、あこがれていたものが一瞬に消え去り、泣き出した観光客もいる。このようなこともあり、時計台は「日本三大がっかり名所」の一つと揶揄されたりしている。他の2つはどこか知らないが、「赤れんが庁舎」がその仲間に入らないようにと願っている。（2010年2月）

（参考文献）北海道総務部総務課発行パンフレット「赤れんが庁舎、重要文化財・北海道庁旧本庁舎」

6.8　消えゆくサイロとその代替

　青い空と緑の牧草地を背景としたサイロは酪農地帯の典型的な風景である。しかし、最近はサイロの建設はめったになく、またサイロを実際に使用していることも少なくなっている。この背景について考えてみたい。

　図 6.14 の高さ 15m のサイロ 3 基は根室市の明治公園にある。これらのサイロは鉄筋などで補強していない煉瓦造で昭和の初期（1930 年代）に建設され、大きな地震も受けたであろうが健全な状態で保存されており、国が指定した有形文化財である。

　サイロは、刈り取った牧草（サイレージ、silage という）を貯蔵・発酵させ、家畜が好む栄養価の高い飼料を作る。このためには、牧草を圧縮し空気をできる限り除いておく必要がある。最近では直径 1～2m、長さ 1m、重量 300kg 程度の円柱状に牧草を丸め、ビニールで覆った「牧草ロール」がサイロ

図 6.14　登録有形文化財の煉瓦造サイロ（根室市明治公園）

図 6.15　牧草地に点在する牧草ロール

図 6.16　牧草ロール（手前）と麦わらロール（後方）

の代わりとなっている（図 6.15）。ビニールの覆いは白や黒のものが多いが、図 6.16 のように白と黒を組み合わせた大きな飴玉のようなもあり、それを作る機械はロールベーラー（roll baler）と呼ばれている。なお、図 6.16 の後方にはビニールのカバーで覆われていないロールが倉庫の中に見えるが、これは飼料ではなく、牛舎の敷き藁に用いられる麦わら（麦桿）ロールである。

　サイロは煉瓦造のものが多いが、鋼製のものも多く建設された。いずれにしてもサイロは無用の長物化しつつあり、鋼製サイロの多くは取り壊されている。一方、煉瓦のサイロは残る傾向にある。風景としてのサイロは赤い煉瓦の方が美しく感じるので、この傾向は歓迎されるべきであろう。

　しかし、風景のために煉瓦のサイロを残しているのではなく、自己負担となる取り壊し費用を考え、取り壊しをためらっているのが実状である。鋼製

6.9　日本最北のヴォーリズ建築「ピアソン記念館」　　**197**

サイロについては、屑鉄の高騰により無料でサイロを解体する業者が出現し、自己負担無しで取り壊してくれることを喜んでいる農家の人々もいる。もっとも、取り壊した後で一抹の寂しさを感じ「残しておいた方が良かったかも・・・」と感じる人もいるらしい。

　さて、牧草ロールには新たなライバルが出現している。それは「バンカーサイロ」と呼ばれているもので、長方形の平面の 3 方向を塀で囲っているような単純な構造である。牧草をその中に入れ、押し固め、上部と残りの 1 方向をシートで覆うとサイロになり、シートの下から必要な飼料を容易に取り出すことができる。

　色々なサイロが出現する中で、従来のサイロは「タワー（塔状）サイロ」と呼ばれるようになっている。どのような形となろうが牧草を発酵させ飼料とするサイロは残るであろうが、今後どのような形となるのか興味深い。（2010 年 10 月）

6.9　日本最北のヴォーリズ建築「ピアソン記念館」

　ヴォーリズが設計した最北の建築「ピアソン記念館」が北海道北見市にある。米国人宣教師ピアソン（George P. Pierson、1861-1939）は 1888（明治 21）年に来日し、東京で日本語を学びながら英語を教え、キリスト教の伝道を行った。1894（明治 27）年に北海道に移り、1928（昭和 3）年に帰国するまで函館、室蘭、小樽、札幌、旭川、北見において伝導を続け、廃娼運動や慈善活動にも貢献した。

　ピアソンは、（今では北見駅から徒歩 15 分で行くことができるが）当時は道もなかった高台が故郷に似ていると気に入り、日本に在住していたヴォーリズに設計を依頼し、1914（大正 3）年に木造 2 階建の山小屋風の住居を建てた。その後、帰国まで 14 年間住んでいたのが、このピアソン記念館である（図 6.17）。ピアソン夫妻帰国後、この建物の所有者は数回替わり、1970 年に北見市が復元工事を行い、現在では入館無料の記念館として NPO 法人が運営管理している。

　1 階の天井を見上げると、床根太と 2 階の床板を見ることができる（図 6.18）。断面 4.5 × 30cm ほどの根太が約 45cm 間隔で配置されており、枠組壁工法（ツーバイフォー）のような床組である。床板には合板ではなく、細

図 6.17　ピアソン記念館

図 6.18　1 階天井・2 階床の構造

幅の板が用いられており、火打ち材のような水平筋かいも見える。

　外観を見ると 2 階の階高(かいだか)が 1 階に比べて低すぎ、また 2 階の左右にある窓枠の隅が軒によって斜めに切り取られているので、何となくおかしいと感じた。その後、2 階の階高は図面より小さく造られているという説明を聞いた際には、私の直感が当たっていたので何となく安心したが、なぜ階高が低くなったのであろう。

　運ばれてきた木材の長さが少し足りなかったため、やむを得ず階高を低くしたのか、床の上から柱を建てる（北米式の）工法とすべきであったのに、土台の上に 1 階から 2 階まで連続した通し柱を載せる（日本式の）工法としたため、2 階が低くなってしまったのかなど想像している。本当の理由は分からないが、軒の長さも図面より小さくなっていることや、工事中に棟梁(とうりょう)が変わり 3 人目でようやく完成したという説明を聞き、大正初期にインチ・フィー

ト表記の図面に従って洋風の建物を建設するには、色々と困難があったに違いない。

なお、設計者がヴォーリズ（William Merrell Vories、1880-1964）と判明したのは 1995 年のことである。彼は米国生まれの建築家で、日本で多数の教会、学校（明治学院大学礼拝堂、同志社大学校舎、関西学院大学校舎）など約 1600 棟の建物を設計した。その中でピアソン記念館は最北の建築である。ヴォーリズは「メンソレータム」を普及させた近江兄弟社を創設した実業家でもあり、YMCA 活動を通じてキリスト教の伝道活動にも従事し、日本女性と結婚し日本国籍も得た人物である。（2011 年 10 月）

6.10　塩狩峠記念館：三浦綾子旧宅

　北海道のほぼ中央に位置する旭川駅から北に向かう宗谷本線の普通列車に乗ると 9 番目に無人の小さな塩狩駅がある（図 6.19）。この駅から徒歩数分で木造 2 階建の「塩狩峠記念館」に着く（図 6.20）。これは三浦綾子が作家になる前に旭川市で雑貨店を営んでいた建物である。

　映画やテレビで度々取り上げられているので『氷点』の説明は不要かも知れないが、今からちょうど 50 年前の 1964（昭和 39）年に 731 編の応募作品の中から選ばれた小説である。この懸賞小説を執筆した建物が移築され記念館となっていて、小説『塩狩峠』もこの建物で執筆された。

　三浦夫妻がキリスト教の伝道所として寄贈したこの建物は、老朽化のため

図 6.19　塩狩駅

図 6.20 塩狩峠記念館：三浦綾子旧宅

図 6.21 顕彰碑「長野政雄氏殉職の地」

解体されることになったが、『氷点』などの作品が生まれた建物を惜しむ声が高まり、移築されて記念館となったのである。もとの場所に残すことができればさらに良かったであろうが、解体されることが決定していた中では、次善の策であったのであろう。移築場所については、塩狩駅のある和寒町と三浦夫妻が合意し、『塩狩峠』の舞台となった塩狩駅近くとなった。

1999（平成 11）年の開館式には三浦夫妻も出席したが、三浦綾子は病のため同年秋に 77 歳で亡くなっている。記念館には三浦綾子の全作品や生涯を説明した展示もあり、何時間過ごしても興味が尽きない。もちろん『塩狩峠』の説明もある。

国鉄職員「長野政雄」が乗っていた客車の連結器が突然はずれ、塩狩峠の急傾斜を上っていた客車は逆方向に走り出した。そのままでは脱線転覆すると感じた長野は自らの体を車輪の下に入れ、その列車を止めたという 1909

（明治 42）年の実話がモデルになった小説である。駅構内には「長野政雄氏
殉職の地」と書かれた顕彰碑（図 6.21）がある。

　大事故が生じるからといっても、それを防ぐために自らの命を犠牲にする
ことは極めて稀で、それだからこそ小説となったに違いない。しかし、その
顕彰碑を見ながら JR 北海道の職員が線路幅のデータを偽り、それが原因で
脱線事故が生じたことを思い出してしまった。職員の仕事に対する意識のあ
まりにも大きすぎるギャップを感じ、命を犠牲にした人間とデータを偽った
人間とを比べること自体が失礼であると思いながらも、自分自身はどちらに
近い人間であろうかなどと反省させられた次第であった。

　なお、旭川市には立派な「三浦綾子記念文学館」があり、そこにはより充
実した展示がある†。しかし、訪れる人はあまり多くはないが自然の林の中に
ある「塩狩峠記念館：三浦綾子旧宅」には別の趣がある。国道からも近く、
車でも行くことができるので、三浦文学の愛読者でなくとも是非訪れて欲し
いと思っている。ただし、開館は 4 月 1 日から 11 月 30 日まで、月曜は休館
（祝日の場合は開館で翌日が休館）である。（2014 年 10 月）

6.11　ニッカウヰスキー余市蒸留所

　JR 北海道の函館本線の余市駅から（リタ・ロードと呼ばれる）駅前通り
を歩いて行くと 5 分程で、ニッカウヰスキー余市蒸留所に着く。ここは、
竹鶴政孝（1894〜1979）が 1918 年から 2 年間スコットランドでウイスキー
の製造を学んできた後に、日本のウイスキー造りの理想郷として選んだ所で
ある。NHK の連続ドラマ『マッサン』で有名となったので説明は不要かも
知れないが、政孝がマッサンでスコットランド人伴侶の愛称がリタである。

　政孝は 1934 年にウイスキー造りをここで開始し、念願のウイスキー第 1
号は 1940 年にできあがった。この間にリンゴジュースの製造などを手掛け
たため、設立当初の社名は「大日本果汁株式会社」であった。この「日」と
「果」がニッカという名前の由来である。

　登録有形文化財に認定されている 1942 年に建設された蒸留所の正門は、ほ
ぼ左右対称（図 6.22）である。アーチ型の正門をくぐると目の前に麦芽を乾

---

† 石山祐二『建築 J ウォーク』6.18 節、三和書籍、2005 年 3 月参照

図 6.22 余市蒸留所の正門

図 6.23 正門をくぐると見えるキルン棟

燥させるキルン棟（図 6.23）があり、それに連なってウイスキーの製造工程に従い、組積造の建物が機能的に並んでいる。赤く塗られた三角屋根と灰褐色の壁のあざやかな対比は、構内の樹木と調和して美しく、（私自身は見たことはないが）スコットランドの施設に似ているのではと想像させられる。建物の構造は木骨石造で、壁は組積造、2 階の床組と小屋組は木造である。組積造の壁は支笏湖のカルデラができた約 4 万年前の噴火で火砕流が固まってできた札幌軟石である。

約 13ha の敷地内には、ウイスキー製造のための施設の他に、博物館、旧竹鶴邸、直売店、試飲ができる会館など 50 棟以上の建物があり、年末年始を除いて年中無休である。試飲会場には、無料のウイスキー、その他にアルコールを飲めない人やドライバーにはリンゴジュースなどが用意されている。博物館の中のパブでは、有料ではあるが有名な国際団体から賞を受けたウイス

図 6.24 しめ縄が張ってあるポットスチル

キーなども味わうことができる。

　製造施設の中の一つがポットスチル（図 6.24）である。これは銅製の巨大な（化学実験に用いる）フラスコのようなもので、大麦の麦汁に酵母を加えてできた発酵液を加熱し、気体となった香味とアルコールを蒸留し、これを 2 回繰り返すと透明な原酒となる。この原酒をオーク材の樽の中に入れて、待つこと数年、ようやく熟成した琥珀色のモルトウイスキーができる。この間に樽の中の原酒は約半分に減ってしまい、これをエンジェル（天使）への分け前といっている。

　最後に、図 6.24 のポットスチルにはしめ縄が張られている。最初は、スコットランド発祥のウイスキーなのに、何故しめ縄があるのかと不思議に思ったが、政孝の生家は広島の造り酒屋で、その慣習を当初から引き継いでるとの説明を聞き、納得した次第であった。（2014 年 12 月）

6.12　北海道博物館 2015 年 4 月開館

　北海道博物館（図 6.25）が、北海道開拓記念館と北海道立アイヌ民族文化研究センターを統合し、2015 年 4 月に開館した。入り口を入ってすぐに目に付くのがマンモスとナウマンゾウの実物大の骨格標本（図 6.26）である。展示はこのような非常に古い時代から、ごく最近のものもあり、興味が尽きない。もちろん、アイヌ関連の展示も充実している。

　1 階と 2 階合わせて約 3,000m^2 の展示室は、プロローグ「北と南の出会い」から始まり、5 つのテーマより構成されている。第 1「北海道 120 万年物語」、

図 6.25　北海道博物館・正面

図 6.26　ナウマンゾウの骨格標本

第2「アイヌ文化の世界」、第3「北海道らしさの秘密」、第4「わたしたちの時代へ」、第5「生き物たちの北海道」となっている。見学はどの順序でも構わないが、「とりあえずコース」で北海道の自然・歴史・文化を簡単に見ても1時間は必要で、各テーマを少し時間をかけて見学すると2〜3時間かけても足りないかも知れない。

　札幌市厚別区にある博物館は野幌森林公園の中にあり、レンガ色の外装は周囲の緑と美しい対比をなしていて、愛称は「森のちゃれんが」である。見学の後は周囲に広がる公園内を散策し森林浴をするのもよいであろうし、百年記念塔†もあり、大人も子供も終日楽しむことができる。

　博物館の前身の北海道開拓記念館は北海道の開道100年を記念して1971

---

　† 残念ながら2023年に解体されてしまった。

6.12 北海道博物館 2015 年 4 月開館

図 6.27 耐震補強のため内部に設置された筋かい

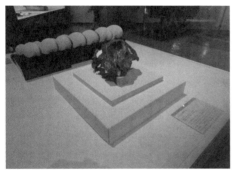

図 6.28 免震装置が組み込まれた展示台

年に開設された。建物の設計は佐藤武夫、施工は丸彦渡辺建設・戸田建設で 1970 年に竣工している。1981 年に施行した新耐震といわれる耐震規定を満足していなかったため、約 2 年間休館し、この間に建物内部の改装や筋かいを設けるなど耐震補強も行った（図 6.27）。耐震的となっても地震の際には建物は揺れるので、貴重な展示品が倒れないように固定したり、テグスを張っているものもある。免震装置が組み込まれた展示台（図 6.28）も部分的に用いられている。なお、この免震装置付きの展示台は、筆者も参加し北海道立総合研究機構の北方建築総合研究所との共同研究で開発したものである。

　博物館を訪れた際には、展示物はもちろんのことであるが、その展示方法、建物の内部・外部、そして周囲の森林などにも注目しながら、見学を楽しんで欲しいと思っている。入場料は大人 600 円、高校生・大学生 300 円、身障者・中学生以下・65 歳以上は無料である。（2015 年 6 月）

6.13 北海道新幹線と青函トンネル

2016年3月北海道新幹線として新青森と新函館北斗間の149kmが開通した（図6.29, 図6.30）。これは単に新幹線が北海道まで延長されたのではない。新幹線規格で建設された青函トンネル（全長54km）に、ようやく新幹線が走るようになったのである。

青函トンネルの歴史を振り返ってみると、構想は戦前からあったが、具体的になったのは戦後で、地質調査が地上部では1946（昭和21）年、海底部では1953（昭和28）年に開始された。

1954（昭和29）年に発生した洞爺丸台風（青函連絡船洞爺丸の遭難による犠牲者1,155名他、死者・行方不明1,430名）により、建設計画が本格的に

図6.29 新函館北斗駅南口（正面）

図6.30 新函館北斗駅に停車中の新幹線

6.13 北海道新幹線と青函トンネル

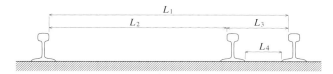

図 6.31 3 本レールの三線軌条

なった。1963（昭和 38）年に試掘調査が着手され、その後 1964（昭和 39）年に発足した日本鉄道建設公団により工事が進められた。津軽海峡の深さ 140m の下 100m にある海底トンネルの掘削工事は容易ではなく、異常出水が 1969（昭和 44）年頃から度々発生し、工事計画が何度も見直された。1987（昭和 62）年にようやく完成し、試掘調査の着手から数えると 25 年後の 1988（昭和 63）年に在来線として供用が開始された（これに伴い青函連絡船が廃止された）。

新幹線としては、2005（平成 17）年に新青森・新函館北斗間の工事が着工され、11 年後の 2016（平成 28）年に開通となったのである。長年の実績がある新幹線ではあるが、北海道新幹線には次のような問題がある。

青函トンネルを含む 82km の区間は在来線との共用で、新幹線が在来線の貨物列車とトンネル内ですれ違う際に、貨物列車のコンテナが風圧で転倒するおそれがある。このため、トンネル内では新幹線の時速は在来線並みの 140km となっている。

在来線と共用する区間はレールが 3 本ある三線軌条（図 6.31）となっている。新幹線用のレールの幅（軌間、ゲージ）は $L_1 = 1,435$mm（標準軌）で、その間に在来線用のレールがあり、その軌間は $L_2 = 1,067$mm（狭軌）である。その差は $L_3 = 368$mm なので、隣接レールには十分な間隔があるように思える。しかし、レールの幅は下部で 145mm なので、2 本の隣接レールの間隔は $L_4 = 223$mm となる。さらに、レールを取り付ける金物があるので、隣接レールの間隔は最小の箇所ではわずか 42mm である。この狭い部分に小さな金属片が入り 2 本のレールを電気的に結んでしまった。このため、信号システムが作動し、赤信号となり、新幹線が緊急停車したという予想できなかったトラブルが発生している。

冬期間には新たなトラブルが発生しないかと心配する人がいるかも知れな

いが、冬期・積雪については十分対処しているはずである。実際、他の新幹線にはない積雪に対する設備もあり、開通前に冬期間の試験走行も行っているので、多分大きな問題は生じないであろうと思っている。

最後に、青函トンネルは世界最長のトンネルであったが、2016年6月に開通したスイスのゴッタルドベーストンネル（全長57km）が世界最長となった。それでも、青函トンネルは海底トンネルとしては世界一の長さである。（2016年8月）

6.14　北海道三大秘湖の一つ「オンネトー湖」は五色湖

マリモで有名な阿寒湖の近くに周囲約2.5kmの小さなオンネトー湖がある。阿寒国立公園の一部である「オンネトー湖」と支笏湖近くの「オコタンペ湖」と然別湖近くの「東雲湖」は北海道三大秘湖といわれている（図6.32）。オンネトー湖は（見る場所によって変化するが）濃い藍色で、季節・天候・時間帯によっても種々変化するので五色湖とも呼ばれている。

この湖は雌阿寒岳の噴火によってできた堰止湖で、ここから流れ出るのが螺湾川である。湖の水面高度は620m、最大水深は9.8m、酸性が強く魚類は生息していない。秘湖といわれるだけあって、湖畔に土産店もなく（トップシーズンを除いて）観光客もあまり多くはないが、茶屋、キャンプ場、駐車場、散策路、登山路、湯の滝もあり、誰が訪れても楽しむことができる場所である。

オンネトーとはアイヌ語で「年老いた沼」を意味する。北海道の地名はア

図6.32　北海道の三大秘湖
（★1 オンネトー湖、★2 オコタンペ湖、★3 東雲湖）

6.14 北海道三大秘湖の一つ「オンネトー湖」は五色湖

図 6.33 オンネトー湖畔からの雌阿寒岳と阿寒富士

図 6.34 オンネトー湖と周囲の紅葉

イヌ語に漢字を当てはめたものが多いが、カタカナ表示も趣がある。なお、似たような名前の温根湯温泉(「おんね」とはアイヌ語で「大きな湯の湧くところ」)があるが、これはオンネトー湖とはまったく別の場所で北見市にある。

　足寄町にあるオンネトー湖畔の後方およそ2kmに雌阿寒岳(1499m)と阿寒富士(1476m)がある(図6.33)。なお、雄阿寒岳(1371m)は阿寒湖畔の東側にあり約20km離れている。

　オンネトー湖畔から雌阿寒岳と阿寒富士はほぼ同じ高さにみえるが、雌阿寒岳の方が23m高い。しかし、稜線の形状から推察すると雌阿寒岳の方が手前にあるように見えるのに、阿寒富士の方が少し高いように感じるのである(図6.33)。

　台形状に見える山よりも三角形状に見える山の方が(同じ高さでも)高い

と感じるのか、山頂と湖畔の距離は阿寒富士の方が少し近いのかなどと思いを巡らしている。正確な位置関係は道路地図では分かりそうもないので、もう少し大きな（縮尺の小さな）地図で確かめなければならないと思っている。

オンネトー湖へは（積雪期を除いて）車で行くことができるので、数回訪れたことがある。訪れる度に湖の色は異なり、周囲の緑も変化し、紅葉も美しく（図 6.34）、五色湖と呼ばれることに納得している。次に訪れる際には山が高い低いなどという無粋な疑問を自分なりに解消し、美しい景色をゆっくりと観賞したいと思っている。（2016 年 12 月）

6.15　北海道の名称と地名

都道府県の中で「道」は北海道のみである。道は（道を示す場合もあるが）古代中国の地方行政の基本区分で複数の国を含む広い地域を示す。日本では 7 世紀後半に都に近い 5 つの国（大和、山城、摂津、河内、和泉）を畿内とし、それ以外を 7 つの道（東海、東山、北陸、山陰、山陽、南海、西海）に分けた。これが「五畿七道」である。

江戸時代中期までは、日本の北の国境については明確ではなく、それを意識する必要もなかった。しかし、ロシアの進出によって意識せざるを得なくなり、1869（明治 2）年に蝦夷地が北海道と命名され、その開拓が本格的に始まった。名付け親は幕末の探検家の松浦武四郎で、彼が提案した 6 つの候補名の一つ「北加伊道」がもとである。北海道の面積は日本全体の約 22% で、複数の国や県が一時的にあった（この点で「道」という名称は適切である）が、結局一つの行政区分となり、第二次世界大戦後は他の都府県と同様に一つの地方公共団体となった。

さて、北海道の多くの地名には「内」や「別」が含まれていて、これらはアイヌ語で「川や沢」を意味する「ナイ」や「ペッ・ベツ」を漢字で表したものである。例えば、最北の市「稚内」（図 6.35★1）は「冷たい水の沢」、温泉地「登別」（図 6.35 ★2）は「色の濃い川」の意味である。アイヌ語の地名のほとんどは地形を表していて、特に川の特徴を示している地名が多い。

「幌」も多く用いられていて「大きい」という意味で、札幌（図 6.35 ★3）は「サッポロベツ」に由来し「乾いた大きな川」の意味である。

アイヌ語を漢字で表すと漢字の意味を自然と想像してしまうが、ほとんど

6.15 北海道の名称と地名

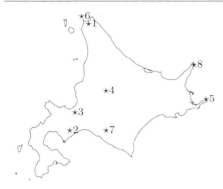

図 6.35 アイヌ語に由来する北海道の地名の例（★1 稚内、★2 登別、★3 札幌、★4 神居古潭、★5 納沙布岬、★6 野寒布岬、★7 平取、★8 知床岬）

の場合は漢字の意味とは全く関係がない。「平」を含む地名も多いが、「平らな」という意味ではなく「崖」を意味している。例えば、札幌市内の「豊平」は「崩れた崖」、「平岸」は「崖の端」の意味である。

「カムイ」は「神の」、「コタン」は「住むところ・集落」を意味するので、旭川市の「神居古潭」（図6.35 ★4）は漢字からアイヌ語の意味を察することができる珍しい地名である。

同じような地形であれば同名となることも珍しくはない。根室半島（図6.35 ★5）の「納沙布岬」と稚内半島（図6.35 ★6）の「野寒布岬」は同じような発音で紛らわしいが、実は同一のアイヌ語で「岬の傍ら」を意味し、単に異なる漢字が当てはめられたものである。

東北地方にもアイヌ語に由来する地名が多くあり、北海道の地名と似ているものも多い。例えば、秋田空港近くの「平尾鳥」と日高の「平取」（図6.35 ★7）はともに（川を示す「ナイ」は省略されてしまったが）「崖の間の川」を意味している。アイヌ語由来の地名から推察すると東北地方の大部分はアイヌ語圏であったことになる。

「シレトコ」は単に「岬」の意味であるが、「知床」（図6.35 ★8）は半島全体を示す地名となった。知床岬の付け根に「知床五湖」があり、ヒグマ出没の危険のため電気柵を設けた区域以外は、事前登録・ガイド同行でなければ五湖を巡ることはできない。これらの湖には「一湖」「二湖」「三湖」「四湖」「五湖」と名前が付いている。最初に聞いた時は冗談と思い、アイヌ語の名前があるのではないか？もっとよい名前がなかったのか？などと今でも思って

いるが、皆さんはどう思うのであろう。（2017 年 7 月）

（参考文献）山田秀三著『アイヌ語地名を歩く』、北海道新聞社発行、1986.6

6.16　幻の橋タウシュベツ川橋梁

　北海道十勝管内上士幌町にある旧国鉄士幌線のタウシュベツ川橋梁は、冬から春はダムの水位が下がり見ることができるが、夏から秋は水位が上がり水没し、見ることができない。このため「幻の橋」ともいわれている。

　1937（昭 12）年に完成した全長 130m の美しい 11 連のアーチ橋（図 6.36 a）の姿は、ダムの水位や季節の移り変わりによって変化するため、橋として用いられなくなって 60 年以上経過した現在でも訪れる人が多い。橋は毎年繰り返される水没と凍結などによって劣化が進行し、2003（平 15）年の十勝沖地震で一部が崩れ、さらに 2017（平 29）年には地震があった訳でもないのに（水位が下がった春先に）大きな崩れが見つかった（図 6.36 b）。このため、つながった 11 連のアーチを見ることができるのは、ここ 1～2 年といわれている。

　1925（大 14）年に帯広・士幌間（30.1km）が開通した士幌線は徐々に延伸し、終点の十勝三股まで（78.3km）が 1939（昭 14）年に全線開通した。1955（昭 30）年に完成した糠平ダムによって、タウシュベツ川橋梁を含む士幌線の一部が水没することになり、ダム湖として生まれた糠平湖の対岸に新線が建設された。

　主に農産物や森林資源搬出のために用いられていた士幌線は、森林資源の枯渇と国道の開通により、1978（昭 53）年に糠平・十勝三股間がバス代行となり、これが国鉄初のバス代行であった。利用客が回復する場合は、運行を再開する建前で、その区間の鉄道施設は撤去されなかった。その後、さらに利用客が減少し、1987（昭 62）年には士幌線すべてが廃線となり、帯広・糠平間の鉄道施設は撤去された。しかし、糠平・十勝三股間の放置されていた施設は、多数の劣化したアーチ橋や生い茂った樹木のため大部分は撤去されなかった。結果的に、最初にバス代行となった区間は鉄道施設が残り、その後の「廃線巡り」の草分け的な存在となったのである。

　タウシュベツ川橋梁を見るには (1) 国道近くの展望台、(2) 有料ツアー、(3)

6.16 幻の橋タウシュベツ川橋梁

a) 全長 130m のコンクリート製 11 連アーチ橋

b) 頂部の影の凹みはアーチの崩れている部分

図 6.36　タウシュベツ川橋梁（2018 年 5 月撮影）

林道に入る許可を得て自家用車で行く方法がある。この中の (2) は、小型バスで近くまで行き（後は徒歩で）橋に触れることもでき、ぬかるみを歩くための長靴が用意されているので、お勧めである。有料ツアーを運営しているNPO「ひがし大雪自然ガイドセンター」は1919（明44）年に湯治場として始まった「ぬかびら温泉郷」にある。なお、「タウシュベツ」とはアイヌ語の「樺の木が多い川」の意味で、タウシュベツ川は十勝川に合流する音更川の支流で、音更川に電力用ダムを造ってできたのが糠平湖である。

　最初に「旧国鉄士幌線のタウシュベツ川橋梁」と書いたが、この「旧」には3つの意味があると解釈できる。1つ目はJRに民営分社化された「旧国鉄」の旧、2つ目は全線が廃線となった「旧士幌線」の旧、3つ目は水没したタウ

シュベツ川橋梁を含む「旧線」の旧である。「幻の橋」を訪れる人は、年々老朽していく 11 連アーチに人間の一生に似た運命と 3 つの旧を暗に感じ、時代の推移に思いを馳せるに違いない。（2018 年 7 月）

6.17　北海道の「挽歌」と「石狩挽歌」

　挽歌とは死者を悼む歌であるが、北海道で「挽歌」というと小説を思い出す人も多いであろう。北海道の釧路を舞台とした妻子ある建築家と若い女性との愛を題材にしたもので、わずか数十部発行の同人雑誌に連載された。それが 1956（昭和 31）年に東京の出版社から単行本として出版されると、たちまちベストセラーとなり、原田康子（1928〜2009）を一躍有名にした。映画化・ドラマ化もされ、文庫本は 70 刷りとなっているロングセラーである。

　もう一つは「石狩挽歌」であろう。小説と歌謡曲を比べることには納得できない人も多いであろうが、作詞家「なかにし礼」（1938〜2020）は 50 歳を過ぎてから『長崎ぶらぶら節』で直木賞を受賞した。満州から引き上げ後に北海道で幼少期を過ごした彼は、同じく満州生まれで北海道でも暮らした「浜圭介」（1946〜）に作曲を依頼した。歌詞を受け取った浜は、これは単なる歌謡曲ではなく文学で、安易に作曲はできないと感じたが、北海道の民謡「ソーラン節」が頭に浮かぶと一気に作曲できたと言っている。

　小樽市にあるニシン御殿であった旧青山別邸（図 6.37）には石狩挽歌の記念碑（図 6.38）が建っている。なかにし自筆の歌詞の碑（図 6.39）もある。北原ミレイ（1948〜）が唱う「海猫が鳴くから・・・」で始まる歌詞には難しそうな言葉が多いので、少し調べてみた。

海猫：ウミネコの俗称
筒袖：和服の作業着の下着のことで、袖から見える赤い下着が当時の若者のファッションであったようである。
ヤン衆：ニシン漁に従事していた若者のことで、多くは季節労働者であった。
番屋：ニシン漁の作業場
問い刺し網：浮きのついた網を海面からぶら下げ、魚がその編み目に入り逃げることができなくする漁法（これが刺し網漁）の網のこと
笠戸丸：南米に移民を運んだ船で、その後は漁船として用いられ、1945（昭

6.17 北海道の「挽歌」と「石狩挽歌」

図 6.37　旧青山別邸

図 6.38　石狩挽歌の記念碑

和 20) 年終戦直前にソ連軍によって撃沈された。
篝火(かがりび)：魚を集めるための灯り
朝里の浜(あさり)：日本海に面した小樽市内の東側にある岩場の浜でニシンがよく獲れた場所の一つである。
オタモイ：小樽市の北西の地名であるが、オタモイ岬という岬はない。
にしん御殿(ごてん)：ニシン漁で財をなした網元が造った豪華な屋敷、図 6.37 もニシン御殿の一つである。
古代文字(こだいもじ)：小樽市にある手宮洞窟(てみや)で発見された文字のことで、実際は文字ではなく壁画といわれている。

　歌詞にはニシンが豊漁であった夢のような頃の話と、全く獲れなくなってしまった 1960 (昭和 35) 年以降の現実が交互に出てくる。もっとも、近年ニ

図 6.39 石狩挽歌の歌詞

シンが産卵する際に卵子と精子で海が白く濁る群来(くき)と呼ばれる現象が北海道の日本海沿岸で時々見られるようになり、ニシン漁が再び盛んになり挽歌ではなく賛歌ができることを夢見ている。(2023年10月)

あとがき

　本書は建築研究振興協会の機関誌「建築の研究」に 200 回連載したものの後半をまとめたものです。その最終回を「あとがき」にしたいと思います。

ちょっと真面目チョット皮肉 200　最終回の御礼

　1988（昭和 63）年 4 月号から始めた連載はこれで 200 回となり、区切りがよいのでこれを最終回とし、これまでの経緯を振り返りながら皆さんに御礼を述べたいと思います。

　連載のきっかけは、1987（昭和 62）年に建築研究所（建研）の企画調査課長となり建築研究振興協会の機関誌「建築の研究」の編集委員となったことです。それまでにも「建築の研究」に何度か原稿を書いたことはあったのですが、編集委員となったので連載でも書いて見ようと思い、第 1 回に「ちょっと真面目・チョット皮肉－年齢と共に年月はどのくらい速く過ぎると感じる？」として書き始めました。

　当時の編集委員会の幹事は菊岡倶也さん（1937-2006）でした。菊岡さんとは建研がまだ筑波研究学園都市（当時はこのように呼んでいました）に移転する前、東京都新宿区百人町（このことを覚えている人も少なくなったようで寂しい限りです）にあった時の企画室の同僚で、「ちょっと真面目・チョット皮肉」と（平仮名・片仮名・漢字を組み合わせて）表示することを決めてもらいました。企画調査課長を終える際に、連載を止めようと思ったのですが、1989（平成元）年からペルー国立工科大学の日本・ペルー地震防災センターの専門家としてペルーの首都リマに行くことになり、この間はペルーのことを書くことにしました。ペルーへは女房と娘二人の家族全員で行きましたが、その間も筑波の公務員宿舎を借りておくことができ、この点でも恵まれていたと感謝しています。

ペルー滞在中に帰国後に母校である北海道大学（北大）に行く話が恩師の教授から手紙などでありました。電子メールなどのない時代で、日本と頻繁に連絡が取れない状況でしたし（建研の研究者が大学などに移動する際に移動時期について問題が生じることがあったことを企画調査課長時代に知っていましたので）、建研と北大で問題のない時期であればいつでも構わないと返事を出しました。手続きには多少時間がかかると思い、移動時期は（娘達の復学や進学にも好都合な）年度の変わり目かなと思っていました。ところが、1991（平成3）年6月末に帰国すると、すでに10月に北大に出向することが決まっていました。

　北大に移ってからは、北海道についても書こうと思い、連載を続けました。北大を定年になった2005（平成17）年3月には、それまでの連載をまとめて『建築Jウォーク　ちょっと真面目・チョット皮肉』を出版しました（図1）。その際に三和書籍社長の高橋考さんを紹介してくれたのも菊岡さんでした。単行本として出版できたので、連載を止める良い機会と思っていたのですが、菊岡さんから「定年後は時間的に余裕ができるはずだから、もう少し続けたら」と説得され、さらに続けることになりました。

　しかし、残念なことに菊岡さんは2006（平成18）年1月に亡くなり、連載を止める機会を失してしまいました。そのうちに200回まで続けると、ちょうど80歳になるので、区切りが良いと思うようになりました。ところが、隔月（年6回）発行の「建築の研究」が年4回となり、ようやく今回で200回となり、82歳で最終回に辿り着いた次第です。

　この36年間、何についてどのように書こうかと迷ったことも多かったのですが、内容について制約などを全く受けず、掲載していただきました。建築研究振興会、建築の研究編集委員会、関係者の方々、そして読んでいただいた皆さんに深く感謝します。「本当に長い間、ありがとうございました。」（2024年7月）

図1『建築Jウォーク ちょっと真面目・チョット皮肉』（三和書籍、2005年3月10日発行）

【著者略歴】

石山祐二（いしやまゆうじ）

1942 年　札幌市生まれ
1965 年　北海道大学工学部建築工学科卒業
1967 年　北海道大学大学院工学研究科修士課程修了
1967 〜 1971 年　建設省営繕局建築課
1971 〜 1991 年　建設省建築研究所
　　　　　（1984 〜 1985 年　カナダ国立研究院建築研究所・客員研究員）
　　　　　（1989 〜 1991 年　ペルー国立工科大学、日本・ペルー地震防災センター・
　　　　　　　　　　　　　チーフアドバイザー）
1991 〜 1997 年　北海道大学工学部建築工学科・教授
1997 〜 2005 年　北海道大学大学院工学研究科・教授
2005 年　北海道大学定年退職・名誉教授

続　建築 J ウォーク
ちょっと真面目・チョット皮肉

2024 年　12 月　25 日　第 1 版第 1 刷発行　　　著　者　石　山　祐　二
　　　　　　　　　　　　　　　　　　　　　©2024 Yuji Ishiyama

　　　　　　　　　　　　　　　　　　　　　発行者　高　橋　　　考
　　　　　　　　　　　　　　　　　　　　　発行所　三　和　書　籍

　　　　　　　　　　　　　　　　　　　　　〒 112-0013　東京都文京区音羽 2 - 2 - 2
　　　　　　　　　　　　　　　　　　　　　TEL 03-5395-4630　FAX 03-5395-4632
　　　　　　　　　　　　　　　　　　　　　info@sanwa-co.com
　　　　　　　　　　　　　　　　　　　　　http://www.sanwa-co.com

　　　　　　　　　　　　　　　　　　　　　印刷所／製本　中央精版印刷株式会社

乱丁、落丁本はお取り替えいたします。価格はカバーに表示してあります。

ISBN978-4-86251-570-4 C0052

三和書籍の好評図書
Sanwa co.,Ltd.

建築Jウォーク
ちょっと真面目・チョット皮肉

石山 祐二 著　四六判　並製　212頁
定価：1,500円＋税
●北海道大学名誉教授が書いた建築スーパーエッセイ。地震・耐震工学に関する事柄だけでなく、海外旅行や日常生活などで感じたことなど、建築構造の権威による非常に興味深い文章を多数収録した。

建築構造を知るための基礎知識
耐震規定と構造動力学〈新版〉

石山 祐二 著　A5判　並製　394頁
定価：4,200円＋税
●「第8章 海外の耐震規定」は全面的に書き換えた。その他の章については、近年の地震被害や建築構造上の話題となっている点について書き加えている。最新の知見が取り込まれている規定を理解しておくことは技術者にも学生にも必要がある。構造設計に関係する基本的な章の他に地震荷重・耐震設計に関連するいくつかの章を要約し、わかりやすく説明も加えた。

建築基準法の耐震・
構造規定と構造力学　（第2版）

石山 祐二著　A5判　並製　568頁
定価：4,800円＋税
●日本の耐震規定は、建築基準法と同施行令と建設省告示・国土交通省告示などによって、詳細に規定されている。しかし、法令や告示の条文を読んで理解したつもりでも、建築物に対する耐震規定を含む構造規定は、なかなかわかり難いのが実状である。
そこで、本書では、耐震規定の全体像をわかりやすくまとめ、さらに法令・告示にどのように対応しているかを示している。
初学者にも理解しやすい定番書である。